Markus Stubbig
Der OpenWrt-Praktiker, Band 1

Markus Stubbig

Der OpenWrt-Praktiker

Band 1: Grundlagen

Bibliografische Information der Deutschen Nationalbibliothek
Die Deutsche Nationalbibliothek verzeichnet diese Publikation in der
Deutschen Nationalbibliografie; detaillierte bibliografische Daten sind im
Internet über http://dnb.dnb.de abrufbar.

© 2020 Markus Stubbig
Herstellung und Verlag: BoD – Books on Demand, Norderstedt

1. Auflage 2020
ISBN: 978-3-7519-8099-9

Das Werk, einschließlich seiner Teile, ist urheberrechtlich geschützt. Jede
Verwertung ist ohne Zustimmung des Verlages und des Autors unzulässig.
Dies gilt insbesondere für die elektronische oder sonstige Vervielfältigung,
Übersetzung, Verbreitung und öffentliche Zugänglichmachung.

Inhaltsverzeichnis

Vorwort   viii

Einleitung   11

1 Quickstart   **15**
    Was ist OpenWrt? 15
    IP-Adresse 16
    Zugang 16
    Übersicht 17
    Zusammenfassung 18

2 Installation   **19**
    Firmware 19
    Installation mit Konsole 20
    Installation ohne Konsole 22
    Virtuelle Maschine 26
    Zusammenfassung 26

3 Ersteinrichtung   **29**
    Voreinstellung 29
    Ablauf 30
    Netzadapter 31
    Weitere Einrichtung 32
    Zusammenfassung 35

4 Konnektivität   **37**
    Labor 37

	Netzadapter	38
	Firewall	44
	Zusammenfassung	44

5 Kommandozeile — 47
- Ablauf 48
- Übersicht 49
- Änderungen 50
- Skripte 51
- Beispiele 52
- Zusammenfassung 53

6 Drahtlos — 55
- Ad-Hoc 56
- Accesspoint 58
- Client 61
- Monitor 62
- Mesh 63
- Zusammenfassung 65

7 Software — 67
- Befehle 67
- Beispiel 68
- Backup 69
- Update 70
- Zusammenfassung 71

8 Monitoring — 73
- Logging 73
- Zentraler Log-Server 74
- Direkte Alarmierung 75
- SNMP 78
- Kommandozeile 81
- Sensoren 83
- Zusammenfassung 83

9 Best Practice   85
Gesicherter Zugang 85
Factory-Default 87
Update 89
Durchsatz messen 91
SSH-Login ohne Passworteingabe 92

Literaturverzeichnis   97

Stichwortverzeichnis   99

A Editor unter Linux   103

B Zusatzmaterial   107

Vorwort

Ein Open-Source-Betriebssystem für Netzwerkgeräte? Wofür das, denn jeder Router, jeder Switch und jeder Accesspoint hat bereits ein Betriebssystem ab Werk. Wenn ein Router, Switch oder Accesspoint sein Betriebssystem wechselt, dann nur für ein Update zu einer besseren Version.

OpenWrt ist eine Alternative und bietet dem Anwender die Wahl: Hersteller-OS oder OpenWrt. Im Endeffekt ist der Wechsel zu OpenWrt nur reizvoll, wenn der Router dadurch neue Tricks lernt oder stabiler arbeitet. Open-Wrt wird schnell zum besten Freund, wenn die Drei-Jahres-Lizenz des Accesspoints abgelaufen ist, oder wenn die Netzadapter nur mit einer kostenpflichtigen Lizenz Gigabit liefern.

OpenWrt ist ein *Bring your own Device* für Netzwerkgeräte. Hersteller-OS runter und OpenWrt drauf. Letztendlich ist ein Switch auch nur ein kleiner Server mit erstaunlich vielen Netzadaptern.

Andersherum hält sich OpenWrt beim Support zurück, denn hinter dem Projekt steht *keine* Firma mit Hotline, Entstörzeit oder Ticketnummer. Das wird der Grund sein, warum OpenWrt verstärkt in Community-Projekten anzutreffen ist.

Wer den Schritt wagen möchte, wird überrascht sein, was OpenWrt alles bietet. Viel Spaß beim Ausprobieren, Staunen und Fluchen.

Übersicht

Kapitel 1 beginnt mit einer Kurzeinweisung für Ungeduldige. Anschließend erhalten die Geräte in Kapitel 2 ihr Betriebssystem und in Kapitel 3 eine erste Konfiguration. Zum Kontakt zwischen den OpenWrt-Routern kommt es in Kapitel 4 in einem konstruierten Beispielnetz.

Falls für die Einrichtung keine Webseite zur Verfügung steht, erläutert Kapitel 5 die Konfiguration über die Kommandozeile. In Kapitel 6 erkundet OpenWrt die Luft und wird zum drahtlosen Accesspoint, Client und beteiligt sich an einem WiFi-Mesh.

Um die allgemeinen Verwaltungsaufgaben, wie Update, Sicherung und zusätzliche Software, kümmert sich Kapitel 7. Danach überwacht Kapitel 8 ein OpenWrt-Gerät auf Fehler, blickt in die Systemmeldungen und schließt mit ein paar Befehlen für die Fehlerfindung.

Zuletzt zeigt Kapitel 9 viele kleine Handgriffe, die die tägliche Arbeit mit OpenWrt reibungsfreier gestalten.

Ressourcen

https://openwrt.org/
Die Homepage von OpenWrt liefert einen guten Einstieg ins Thema und verlinkt zur Dokumentation, zu Anwendungen und zum Download-Bereich.

https://git.openwrt.org/
Die Entwickler bieten den Programmcode über Git an, wo jeder Einblick in den Fortschritt hat und sich an den Quellen bedienen kann. Daneben gibt es viele Demo-Projekte und Beispiele zum selber bauen.

https://forum.openwrt.org/c/documentation
Im offiziellen Forum sind Anwender und Entwickler vertreten und bereit für Ideen, Diskussionen und Support aus der Community.

Schriftkonventionen

`Nichtproportionalschrift` zeigt die erzeugte Ausgabe eines Kommandos.

`Schreibmaschinenschrift` wird für Konfigurationen und Schlüsselwörter benutzt, die buchstabengetreu eingetippt werden müssen.

`Nichtproportionalschrift Fett` zeigt Befehle, die eine Ausgabe erwarten.

`Hervorhebungen` weisen auf besondere Wörter oder Zeilen innerhalb von Kommandos oder Bildschirmausgaben hin.

```
ein-sehr-langer-kommando-aufruf --mit --sehr \
  --vielen "Optionen"
```

Kommandos mit vielen Argumenten können länger als eine Zeile sein. Für die bessere Übersicht werden diese Kommandos mehrzeilig abgedruckt und um zwei Zeichen eingerückt. Am Ende jeder Zeile steht der Backslash als Hinweis darauf, dass es in der nächsten Zeile weitergeht.

Rechtliches

Warennamen und Bezeichnungen werden ohne Gewährleistung der freien Verwendbarkeit benutzt. Es ist davon auszugehen, dass viele der Warennamen gleichzeitig eingetragene Warenzeichen oder als solche zu betrachten sind.

Bei der Zusammenstellung von Texten, Bildern und Daten wurde mit größter Sorgfalt vorgegangen. Trotzdem können Fehler nicht vollständig ausgeschlossen werden. Der Autor lehnt daher jede juristische Verantwortung oder Haftung ab. Für Verbesserungsvorschläge und Hinweise auf Fehler ist der Verfasser dankbar.

Einleitung

OpenWrt ist ein quelloffenes Netzwerk-Betriebssystem für Router. Es basiert auf GNU/Linux und vereint Techniken wie VLAN, Firewall, Adressumsetzung und Routing unter einer gewohnten Kommandozeile. OpenWrt läuft auf physikalischer Hardware oder als virtuelle Maschine.
Jeder Ausrüster von Netzwerkkomponenten hat ein eigenes Betriebssystem im Angebot. OpenWrt verkauft keine Router. Die Grundidee ist: ein Linux-Betriebssystem für viele Hardwareplattformen anzubieten. OpenWrt ersetzt auf *anderen* Routern das Betriebssystem und kann dann loslegen.
In dieser Nische hat sich OpenWrt einen Namen gemacht. Dort punktet es in den Bereichen Funktionalität und Erweiterbarkeit. OpenWrt bringt die Flexibilität von Linux auf proprietäre Hardware und entfernt damit so manche Einschränkung.

OpenWrt ist:

Unvollkommen. Und das ist positiv gemeint. Es gibt noch genug Raum zum Wachsen. Auch die Implementierung von Features hinkt etwas hinterher: Bei der Userverwaltung und beim Monitoring bestehen Nachholbedarf.

Open Source. OpenWrt setzt auf Linux als Betriebssystem und stellt viele seiner Eigenentwicklungen offen via Git zur Schau [1]. Aber der Vorteil einer quelloffenen Lösung ist nicht immer ihr Preis. Denn kostenlos ist Open-Source-Software nicht! Es fallen zwar keine Lizenzgebühren an, aber die Arbeitszeit der Netzwerk-Admins zum Einarbeiten in die Linux-Welt darf nicht unterschätzt werden.
OpenWrt versucht auf möglichst vielen Routermodellen Fuß zu fassen. Aktuell umfasst die Kompatibilitätsliste [2] mehr als 200 Hersteller.

Try before Buy. Wie bei Shareware-Programmen kann (und sollte) OpenWrt vor dem Einsatz getestet werden, bevor irgendwelche Investitionen in die Infrastruktur beginnen. Und wer freut sich über einen eingeschränkten Funktionsumfang, eine Evaluierungslizenz oder einen 30-Tage-Zeitraum? In diesem Zusammenhang steht *Try* für Ausprobieren mit Beispielszenarien und *Buy* für den Einsatz in der eigenen Umgebung.

Hardware-frei. OpenWrt ist Software. Diese Software braucht eine Hardware. Die Antwort der Hardware-Frage liefert eine Kompatibilitätsliste aus etwa 1.500 Geräten verschiedener Hersteller und Leistungsklassen.
In der Vergangenheit gab es viele limitierende Gründe, warum eine softwarebasierte Lösung für Netzwerkinfrastruktur nicht an die Leistung der physikalischen Geräte herankam. Der Hauptgrund war das suboptimale Zusammenspiel von Software und Treiber mit der darunterliegenden Hardware. Bei der immens großen Auswahl von Netzwerkkarten, Mainboards, Prozessoren und Memory ist es für eine Software schwierig auf jede Kombination der Komponenten optimal vorbereitet zu sein.
Heutzutage sind normale Server oder eingebettete Systeme überraschend performant, sodass auch eine nicht-optimierte Software Bandbreiten jenseits von Gigabit durchbrechen kann.

Linux. Unter OpenWrt läuft ein angepasster Linux-Kernel. Der Zugriff aufs Betriebssystem ist nicht gesperrt. Über das Konsolenmenü oder eine SSH-Verbindung liegt der `root`-Zugang offen.
Das bringt Möglichkeiten zum Anpassen, Verbessern und Nachinstallieren von Tools. Dagegen steht die Gefahr, dass die eigene Änderung ungewollte Instabilität mitbringt.

Best Of. OpenWrt erfindet an vielen Stellen das Rad nicht neu und bedient sich für seine Features an den vertrauten Linux-Diensten, die nach Jahren der Entwicklung eine hohe Stabilität erreicht haben. Die Implementierung der Routingprotokolle stammt von Quagga, der SSH-Server gehört zu Dropbear und beim Logging helfen `logd` und `syslog-ng`.
Diebstahl? Keineswegs! Eher ein Nachweis, dass Open Source funktioniert. Solange Lizenzbedingungen eingehalten werden, darf Fremdsoftware beigemischt werden. Gerade im Security-Umfeld ist es höchst erwünscht, dass

Anwendungsentwickler keine eigenen Implementierungen stricken, sondern sich an den freien und stabilen Bibliotheken bedienen.

Open-Source-Router

Ohne Hardware kann auch OpenWrt nichts ausrichten. Was im Serverumfeld gängige Praxis ist, erscheint in der Netzwelt skurril. Denn kommerzielle Router haben ein vorinstalliertes Betriebssystem und das wird höchstens durch eine aktuelle Version desselben ausgetauscht. Beim Open-Source-OS hat der Kunde die freie Wahl und kann sich sein Wunschmodell so zusammenstellen, dass es in die Infrastruktur von Netzwerk, Monitoring, Verwaltung und Automatisierung passt.
Diese Entkopplung von Hard- und Software hat auf beiden Seiten Vorteile. Egal welcher Hersteller im Netzwerk mitspielt, das Betriebssystem sieht auf allen Boxen gleich aus. Das vereinfacht die Administration und den Lernaufwand, auch wenn die Architektur unterschiedlich ist.

Welches Betriebssystem darf es denn sein? Grundsätzlich läuft auf vielen eingebetteten Systemen auch eine Distribution von Debian. Allerdings ist dieser Anbieter nicht optimal auf die Ausstattungen von Netzwerkgeräten vorbereitet. OpenWrt als Netzwerkbetriebssystem hat eine starke Ausrichtung auf Netzwerkkarten, WiFi-Adapter, Buffer, CLI und das bei minimalen Hardwareressourcen.

Geschichte

Die Historie von OpenWrt reicht zurück bis 2004. Zwei Jahre davor brachte Linksys das Modell *WRT54G* auf den Markt und benutzte dafür einen Programmcode, der unter der GPL-Lizenz steht. Als Folge der Lizenzbedingung muss Linksys ihre Firmware ebenfalls quelloffen bereitstellen. Dieser Auflage kam Linksys erst nach mehrmaliger Aufforderung nach. Ein paar Entwickler schnappten sich den Quellcode und bauten daraus ihre eigene Firmware für den Linksys-Router und nannten ihre Software *OpenWrt*.
Weitere Entwickler nahmen an diesem Projekt teil und veröffentlichen schließlich 2006 eine brauchbare, aber immer noch experimentelle, Version.

Die erste stabile Version 0.9 kam im Februar 2007 unter dem Codenamen „White Russian" hinterher.

In den folgenden Jahren und Releases nehmen die Entwickler mehr und mehr Treiber in ihre Software auf und ermöglichen damit den Einsatz von OpenWrt auf weiteren Routermodellen. Gleichzeitig bewegt sich die Entwicklung weg vom Linksys-Code zum regulären Linux-Kernel, der lediglich um Treiber ergänzt wird. In Summe wird OpenWrt zu einer Linux-Distribution für eingebettete Systeme.

Kapitel 1

Quickstart

Das erste Kapitel gibt einen schnellen Einstieg in OpenWrt, macht einen Rundgang durch die Weboberfläche und zeigt das Login, den Systemstatus und die Netzadapter.

Was ist OpenWrt?

OpenWrt ist ein Betriebssystem für Netzwerkgeräte. Es basiert auf Linux und ersetzt auf Heimroutern und Accesspoints das vorinstallierte Betriebssystem. Damit bringt OpenWrt viele Erweiterungen, die der Hersteller eventuell nicht anbietet oder hinter zusätzlichen Lizenzkosten versteckt. Die Kompatibilitätsliste [2] von OpenWrt enthält knapp 1.500 Modelle von etwa 200 verschiedenen Herstellern.
OpenWrt ist eine Linux-Distribution mit Paketmanager, SSH-Dienst und Webserver. Damit lässt sich ein Router, Switch oder Accesspoint mit OpenWrt ähnlich verwalten und konfigurieren wie ein Server.

Die bequemste Methode zur Konfiguration ist die Weboberfläche. Sie ist übersichtlich aufgebaut und gruppiert die wesentlichen Funktionen in Themenbereiche. Darüber hinaus stellt OpenWrt eine vollwertige Kommandozeile bereit, die an professionelle Router erinnert und Skripten ermöglicht.

IP-Adresse

Ein frisch installierter OpenWrt-Router bindet stets dieselbe IPv4-Adresse 192.168.1.1 an den ersten Netzadapter. Damit ist eine Netzverbindung möglich, auch wenn keine serielle Konsole für die Ersteinrichtung vorhanden ist. Eine Defaultroute ist nicht gesetzt, sodass die Verbindung aus demselben IP-Netz stammen muss.

Gleichzeitig läuft auf dem Router ein DHCP-Dienst, welcher IP-Adressen an die anderen Endgeräte verteilt. Damit kann ein Client die IP-Adresse des OpenWrt-Routers in einem Webbrowser eintippen und erhält die Anmeldemaske aus Abbildung 1.1.

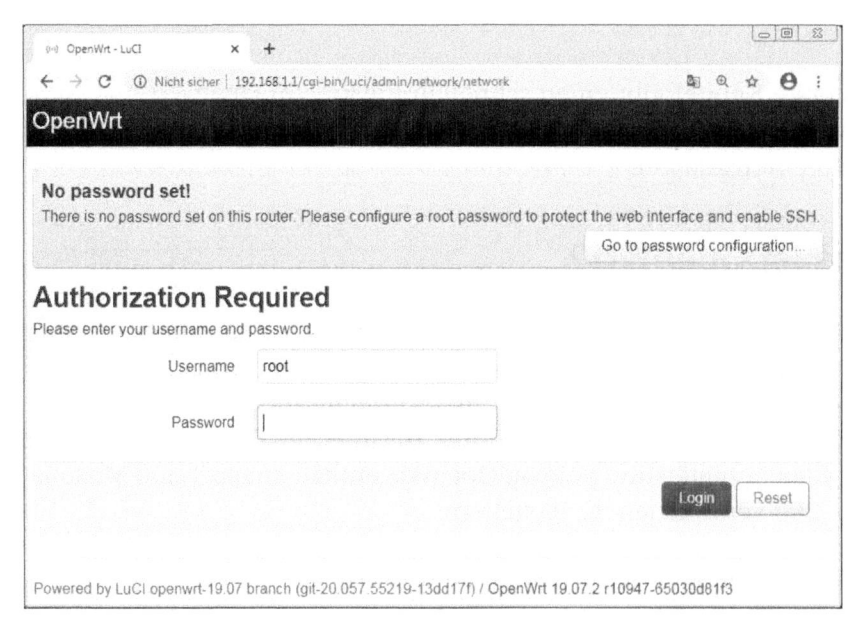

Abbildung 1.1: Die erste Anmeldung am OpenWrt-Router

Zugang

Die administrative Weboberfläche LuCI eröffnet den Zugang zum OpenWrt-System. Der Webdienst ist in der Voreinstellung unverschlüsselt und unter http://192.168.1.1 erreichbar. Der Benutzername für die Anmeldung ist root – ein Kennwort wird nicht benötigt. Nach der Anmeldung zeigt der Router die Übersicht aus Abbildung 1.2.

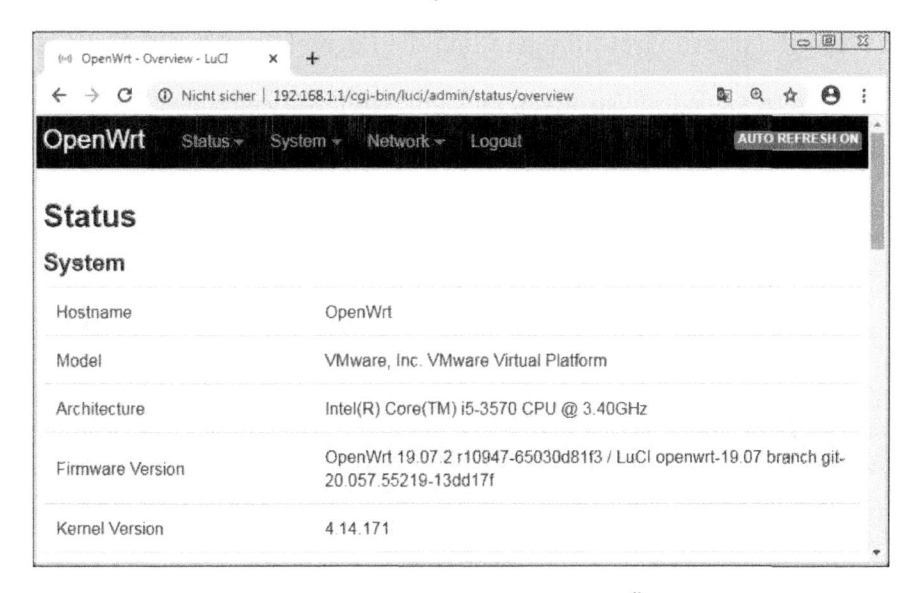

Abbildung 1.2: LuCI begrüßt mit einer Übersicht

Auf der Kommandozeile erlaubt OpenWrt ein Login per Secure Shell (SSH). Auch hier erfordert der Account von `root` kein Kennwort.

> **Hinweis**
>
> Das Passwort lässt sich in der Weboberfläche unter *System → Administration → Routerpasswort* festlegen. Auf der Kommandozeile erledigt dies der Befehl `passwd`.

Übersicht

Die Weboberfläche von OpenWrt begrüßt den eingeloggten Admin mit dem Dashboard. Dieses besteht aus einem Steckbrief des lokalen Systems: Hostname, Version, Speicherauslastung und eine Liste der Netzadapter. Ein Accesspoint zeigt zusätzlich noch den WiFi-Adapter und die verbundenen Clients an.

Die Menüstruktur unterteilt sich in:

- *Status*. Hier befinden sich Informationen zum lokalen Gerät, Routingtabelle, aktive Firewallregeln und die Logmeldungen.

- *System*. Die administrativen Einstellungen, wie Zeitzone, SSH-Zugang, Aufgabenplaner, Sicherung und Update, befinden sich in dieser Rubrik.

- *Dienste*. In diesem Bereich tauchen die zusätzlich installierten Dienste auf (vgl. Kap. 7).

- *Netzwerk*. Die Konfiguration der Netzadapter, Routen, Firewallrichtlinie, sowie netzwerknahe Dienste, sammeln sich in dieser Kategorie.

OpenWrt benennt seine Netzadapter abhängig von ihrer Position an der Vorderseite des Gehäuses. Das Präfix *eth* steht für Ethernet und bezeichnet einen kabelgebundenen Netzadapter. Andere Präfixe sind *wlan* oder *radio* für einen WiFi-Adapter.

Zusammenfassung

OpenWrt lässt sich nicht in zehn Minuten erklären, aber für einen kurzen Einstieg reicht es. Hinter den blinkenden LEDs des Heimrouters läuft ein Linux, welches eine IP-Adresse im Netz benutzt und einen regulären Webzugang anbietet. Nach einem erfolgreichen Login präsentiert die Weboberfläche eine Liste der Netzadapter, den Systemstatus und die Auslastung der Hardware.

Kapitel 2

Installation

OpenWrt unterscheidet sich in der Installation von einer regulären Linux-Distribution, da die Zielsysteme meist ohne Bildschirmanschluss oder Konsolenzugang ausgestattet sind. Ferner gibt es keine allgemeingültige Anleitung für die Installation, sondern eine gerätespezifische Vorgehensweise.
Das Ziel ist jedoch stets dasselbe: Auf dem Festwertspeicher des Routers muss sich die passende Firmware befinden und sie muss bootfähig sein.

Die folgenden Abschnitte beschreiben beispielhaft die Installation auf einem Router mit Konsolenzugang und herausnehmbarer Flashkarte. Anschließend kommt OpenWrt auf ein System ohne Konsole mit festinstalliertem Speicher. Zuletzt erhält eine virtuelle Maschine auf Basis von VMware die OpenWrt-Firmware.

Firmware

Der Downloadbereich der OpenWrt-Webseite bietet eine Vielzahl an Firmwareständen an. Diese sind unterteilt nach Hardwaretypen (*target*), Hersteller (*subtarget*) und Plattform (*platform*). Eine Firmware passt folglich auf mehrere Geräte desselben Typus, aber *nicht* auf Geräte einer anderen Plattform.
Welche Firmware die richtige für die vorliegende Hardware ist, verrät die Kompatibilitätsliste [2]. Das Ausprobieren von verschiedenen Firmwaredateien ist keine gute Option, da eine falsche Firmware das vorliegende

Kapitel 2. Installation

Gerät unbrauchbar machen könnte, vor allem wenn es ohne Konsole für eine mögliche Reparatur ausgestattet ist.
Als Beispiel verwendet der Accesspoint *MikroTik RBmAPL-2nD* den WiFi-Chip *QCA9533* von Qualcomm, welchen OpenWrt als Target *ar71xx* führt. Der Downloadlink zur Firmware enthält irgendwo im Pfad den Abschnitt *targets/ar71xx/mikrotik/*, gefolgt von der Binärdatei.

Installation mit Konsole

Als erstes praktisches Beispiel eignet sich das *APU 1D4*-Board [3] des Schweizer Herstellers PC-Engines. Ausgestattet ist es mit 3x GBit-Netzwerk, SD-Karte, serieller Konsole und 2x USB-Anschluss.
Das APU-Board hat kein vorgegebenes Betriebssystem; also ist die SD-Karte im Auslieferzustand leer. Die Installation von OpenWrt besteht in diesem Fall aus einem Kopieren der Firmware auf die SD-Karte.
Der Prozessor des Boards ist ein *AMD T40E* und fällt damit unter die x86-Architektur. Die passende Firmwaredatei ist:

```
openwrt-19.07.3-x86-generic-combined-ext4.img.gz
```

Die Vorbereitung der SD-Karte findet in einem separaten Computer mit Kartenleser statt. Am Beispiel von Linux holen die folgenden Befehle die Firmwaredatei vom Downloadserver, entpacken und kopieren sie auf die Flashkarte. Diese wird vom Kernel als Gerät `mmcblk0` bereitgestellt.

1. Zuerst muss die Image-Datei vom Downloadserver bezogen werden.

   ```
   wget http://downloads.openwrt.org/releases/19.07.3/targets/ \
      x86/generic/openwrt-19.07.3-x86-generic-combined-ext4.img.gz
   ```

2. Beim Download über das Internet empfiehlt sich die anschließende Kontrolle, um Übertragungsfehler und gewollte Manipulationen auszuschließen. Das Repository bietet dazu eine Dateisignatur, die sich mit Bordmitteln eines Linux-Systems überprüfen lässt.

   ```
   wget https://downloads.openwrt.org/releases/19.07.3/targets/ \
      x86/generic/sha256sums
   grep openwrt-19.07.3-x86-generic-combined-ext4.img.gz \
      sha256sums | sha256sum --check
   ```

Installation mit Konsole

3. Anschließend wird die Datei entpackt.

   ```
   gunzip openwrt-19.07.3-x86-generic-combined-ext4.img.gz
   ```

4. Danach muss das resultierende Dateiimage

   ```
   openwrt-19.07.3-x86-generic-combined-ext4.img
   ```

   so auf die SD-Karte kopiert werden, dass sie bootfähig ist. Unter Linux erledigt dd diese Aufgabe mit dem Kommando:

   ```
   dd if=openwrt-19.07.3-x86-generic-combined-ext4.img \
      of=/dev/mmcblk0
   ```

   Das Tool *physdiskwrite* [4] vollführt diesen Task auf einem Windows-PC mit *Administrator*-Berechtigungen.

   ```
   physdiskwrite.exe -u -d 1 \
      openwrt-19.07.3-x86-generic-combined-ext4.img
   ```

   > **Achtung**
   >
   > *physdiskwrite* schreibt die Imagedatei auf das angegebene Laufwerk mit der Option -d ohne weitere Nachfrage. Eine falsche Angabe kann zu Datenverlust führen.

5. Eine serielle Verbindung zum APU-Board muss her. Ohne serielle Schnittstelle am PC hilft ein USB-Seriell-Wandler, auch wenn die Ersteinrichtung etwas Geduld erfordert. Eine Konsolensoftware, wie beispielsweise TeraTerm oder PuTTY, benötigt die Geschwindigkeit von 115200 bps für die Kommunikation mit dem APU-Board.

6. Zuletzt wird das APU-Board von der frisch erstellten SD-Karte gebootet.

Damit ist OpenWrt auf dem APU-Router installiert und gestartet.

Kapitel 2. Installation

Installation ohne Konsole

Je nach Hardwareausstattung haben eingebettete Systeme keine Konsole und das Speichermedium lässt sich nicht entfernen. Als Beispiel eignet sich der Accesspoint *RBmAPL-2nD* [5] von MikroTik, genannt *mAP lite*. Das Gerät hat die Größe einer Streichholzschachtel, ist minimalistisch aufgebaut und hat lediglich einen FastEthernet-Port und einen Stromanschluss.

Der Accesspoint kommt vorinstalliert mit dem Betriebssystem *RouterOS* von MikroTik. Im Laufe der folgenden Arbeitsschritte wird dieses Betriebssystem überschrieben und durch OpenWrt ersetzt. Der Vorgang verwendet dazu Funktionen von RouterOS, einen zusätzlichen TFTP-Server und die passende Firmware von OpenWrt.

Der Accesspoint holt sich über den LAN-Anschluss per DHCP eine IP-Adresse und startet per TFTP das neue Betriebssystem OpenWrt. Damit läuft auf dem mAP-Lite OpenWrt, aber auf dem Bootmedium ist noch das vorinstallierte RouterOS. In einem weiteren Schritt gelangt die OpenWrt-Firmware auf den Flash und überschreibt damit RouterOS. Abbildung 2.1 zeigt die Schritte für den geplanten Umbau.

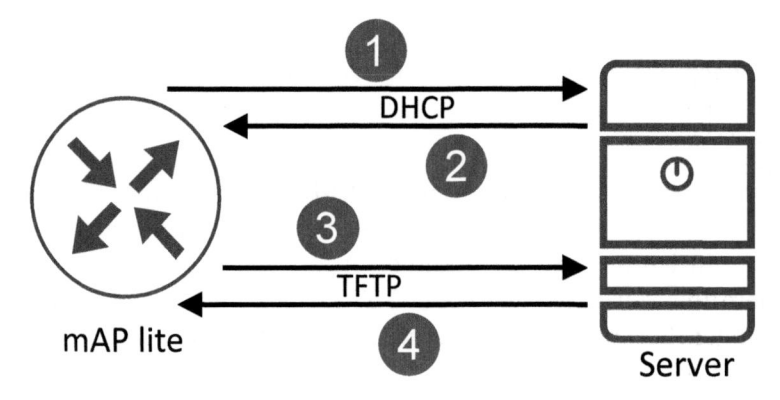

Abbildung 2.1: OpenWrt installiert sich über Umwege auf *mAP lite*

Boot-Umgebung

Der mAP-Lite kann sein Betriebssystem vom lokalen Flashmedium starten, oder über seinen Ethernetadapter von einem TFTP-Server laden. Die Informationen zum Server und zur Startdatei erhält der mAP-Lite per DHCP.

Für den Fremdstart läuft auf einem zusätzlichen Computer ein TFTP- und ein DHCP-Dienst. Unter Linux erledigt die Software *dnsmasq* beide Funktionen. Die passende Firmwaredatei hält OpenWrt als Target *ar71xx* bereit (siehe Abschnitt *Firmware* auf Seite 19). Diese steht mit den wenigen Kommandos aus Listing 2.1 im lokalen Server zur Verfügung.

```
1  cd /var/lib/tftpboot/
2  wget http://downloads.openwrt.org/releases/19.07.2/targets/ \
3     ar71xx/mikrotik/openwrt-19.07.2-ar71xx-mikrotik-rb-nor-flash- \
4     16M-initramfs-kernel.bin
```

Listing 2.1: Der TFTP-Server stellt die Flashdatei lokal bereit

Anschließend startet `dnsmasq` einen DHCP-Server mit integriertem TFTP-Server und wartet auf anfragende Clients.

```
1  ip address flush dev eth0
2  ip address add 192.168.88.10/24 dev eth0
3  dnsmasq -i eth0 --dhcp-range=192.168.88.23,192.168.88.23 \
4     --log-dhcp --bootp-dynamic -d \
5     --dhcp-boot=openwrt-19.07.2-ar71xx-mikrotik-rb-nor-flash-16M- \
6     initramfs-kernel.bin \
7     --enable-tftp --tftp-root=/var/lib/tftpboot -u root -p0 -K
```

Der DHCP-Dienst verteilt durch die Anweisung in Zeile 3 lediglich eine einzelne Adresse. Diese Vorsichtsmaßnahme empfiehlt sich für produktive Umgebungen, in denen ein zusätzlicher DHCP-Server unerwünschte Effekte mitbringt. Die einzelne Adresse minimiert den möglichen Schaden. In abgeschotteten Netzbereichen oder in einer Laborumgebung kann der IP-Bereich größer ausfallen.

Dem anfragenden DHCP-Client teilt `dnsmasq` seine Boot-Datei in Zeile 5 mit. Und wenn sich endlich ein Client per TFTP meldet, beantwortet `dnsmasq` in Zeile 7 diese Anfrage.

Die vergebenen IP-Adressen in Zeilen 2 und 3 sind willkürlich. Sie orientieren sich an der Standardadresse von RouterOS und verhindern mehrmaliges (händisches) Umkonfigurieren der IP-Adresse am eigenen Computer.

Kapitel 2. Installation

mAP-Lite starten

Das Gerät von MikroTik startet, sobald es mit Strom versorgt wird. Allerdings bootet der mAP-Lite mit seinem vorinstallierten RouterOS und ignoriert die bereitgestellte Boot-Umgebung.
Die Konfiguration von RouterOS erfolgt über eine Webseite, die standardmäßig über die IPv4-Adresse 192.168.88.1 erreichbar ist. Damit der Accesspoint seine IP-Adresse per DHCP anfragt, sind folgende Einstellungen in der Web-UI von RouterOS unterhalb von *System → Routerboard → Settings* passend:

- Boot device: Try ethernet once then NAND

- Boot protocol: DHCP

- Force Backup Booter: *ausgewählt*

Danach muss der Accesspoint per *System → Reboot* neustarten.
Die nächsten Schritte lassen sich als Logmeldungen auf dem DHCP/TFTP-Server verfolgen, denn der mAP-Lite verrät nichts über seine aktuelle Tätigkeit. Letztendlich soll der mAP-Lite per DHCP eine Adresse anfragen und die bereitgestellte Firmwaredatei vom TFTP-Server laden und davon booten. Im Erfolgsfall startet der Accesspoint mit OpenWrt und ist kurz darauf unter der vorgegebenen IPv4-Adresse 192.168.1.1 im Netz erreichbar (vgl. Kap. 1).

OpenWrt installieren

Sobald der mAP-Lite unter OpenWrt läuft, ist ein Login per Webbrowser oder per SSH möglich. Für die Installation empfiehlt sich der SSH-Zugang, da die Textkonsole aussagestärkere Fehlermeldungen liefert.
Für die Installation benötigt der mAP-Lite eine andere Firmwaredatei, erkennbar am Text *sysupgrade* im Dateinamen. Der Vorgang besteht aus zwei Kommandos: Datei laden und Datei auf das Flashmedium kopieren.

```
1  root@OpenWrt:~# wget -q -O /tmp/sysupgrade.bin \
2    http://[...]/openwrt-19.07.2-ar71xx-mikrotik-rb-nor- \
3    flash-16M-squashfs-sysupgrade.bin
4  root@OpenWrt:~# sysupgrade --force /tmp/sysupgrade.bin
5  Device unknown not supported by this image
```

```
6  Supported devices: rb-750-r2 rb-750up-r2 rb-750p-pbr2 [...]
7  Image check 'fwtool_check_image' failed but --force given [...]
8  Cannot save config while running from ramdisk.
9  Commencing upgrade. Closing all shell sessions.
```

Der vollständige Pfad zur Firmwaredatei aus Zeile 2 führt zum offiziellen Downloadserver von OpenWrt. Alternativ kann ein lokaler HTTP-Server die Firmwaredatei runterladen und anbieten.

Der nächste Neustart erfolgt automatisch nach abgeschlossenem Kopiervorgang. Danach startet endlich OpenWrt von der lokalen Flashkarte (Abbildung 2.2) und beendet damit das Update.

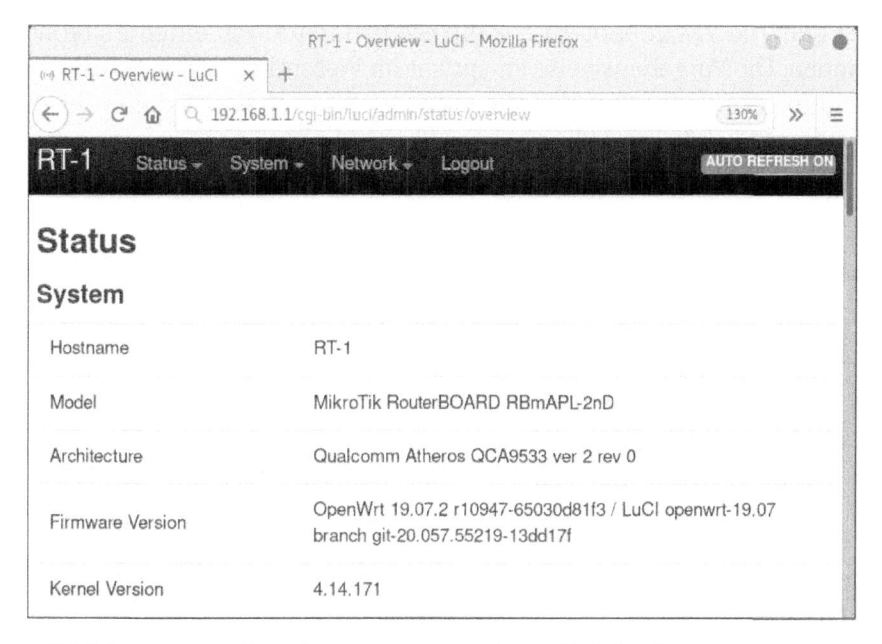

Abbildung 2.2: MikroTik RBmAPL-2nD (*mAP lite*) läuft unter OpenWrt

Hinweis

OpenWrt hat die Unterstützung für *ar71xx* im Juni 2019 abgekündigt und wird betroffene Firmwaredateien zum Target *ath79* migrieren. In Version 19.07.2 sind bereits 50% der Geräte migriert, wobei der mAP-Lite noch nicht dazugehört.

Virtuelle Maschine

In VMware Workstation oder ESXi ist die Welt einfach, denn die virtuelle Maschine (VM) hat einen Bildschirm nebst Tastatur; und Snapshots können fatale Fehler verhindern.
Die Firmwaredateien von OpenWrt sind nicht bootfähig. Daher muss die neue VM vorab mit einem regulären Betriebssystem starten, welches die OpenWrt-Datei herunterladen, entpacken und kopieren kann. Dazu eignet sich eine Linux-Distribution, die eine Live-DVD anbietet, wie beispielsweise Knoppix.

Nach dem die VM gebootet ist, kann die Installation in einer Textkonsole beginnen. Die Vorgehensweise entspricht im Wesentlichen den Schritten aus Abschnitt *Installation mit Konsole* auf Seite 20, wobei hier die Prüfsumme nicht erneut validiert wird:

```
wget https://downloads.openwrt.org/releases/19.07.2/targets/x86/64/ \
   openwrt-19.07.2-x86-64-combined-ext4.img.gz
gunzip openwrt-19.07.2-x86-64-combined-ext4.img.gz
dd if=openwrt-19.07.2-x86-64-combined-ext4.img.gz of=/dev/sda bs=4M
```

Die drei Befehle lassen sich auch per Pipe zu einer langen Zeile verketten. Allerdings ist das Pipe-Zeichen je nach Tastaturlayout schwer zu finden. Sobald das dd-Kommando beendet ist, kann die VM rebooten und das installierte OpenWrt starten. Die Installation ist damit abgeschlossen.

Zusammenfassung

OpenWrt ist zwar eine Linux-Distribution, aber die Installation gestaltet sich aufwendiger als bei Debian oder CentOS auf einem Desktop-Computer. Das liegt daran, dass die Zielhardware meist kein DVD-Laufwerk hat und häufig auch keine Anschlüsse für einen Bildschirm oder eine Tastatur.
Als Vorbereitung muss die vorliegende Hardware übers Netzwerk von einem TFTP-Server die bereitgestellte Firmware von OpenWrt laden und davon booten. Anschließend läuft das Gerät mit OpenWrt. Die eigentliche Installation besteht darin, die OpenWrt-Firmware auf den Flashspeicher zu kopieren und später ohne TFTP-Server auszukommen.

Zusammenfassung

Bei Geräten mit Konsole, herausnehmbarer Flashkarte oder Bildschirm mit Tastatur, ist der Weg zu OpenWrt einfacher. In Kapitel 3 erhalten die Router ihre Konfiguration, die trotz der unterschiedlichen Hardware einheitlich abläuft.

Kapitel 2. Installation

Kapitel 3

Ersteinrichtung

Die OpenWrt-Router sind installiert und erwarten die erste Konfiguration. Das Kapitel beginnt mit einer Einführung in die Menüstruktur der Weboberfläche *LuCI* zur Einrichtung. In Kapitel 5 folgt die Kommandozeile mit den wichtigsten Befehlen.

Voreinstellung

Im Auslieferzustand verwendet OpenWrt die IPv4-Adresse 192.168.1.1 am ersten Netzadapter. Die Konfiguration erfolgt über einen Computer mit Webbrowser, der per LAN-Kabel verbunden ist und eine IPv4-Adresse aus demselben Subnetz verwendet. In Abbildung 3.1 auf der nächsten Seite ist der PC direkt mit Router RT-1 verbunden und kann die Weboberfläche von OpenWrt unter `http://192.168.1.1` erreichen.

Die erste Anmeldung erfolgt mit dem Benutzernamen `root` und ohne Kennwort. Da diese Zugangsdaten bedenklich unsicher sind, wird die Weboberfläche solange warnen, bis der Administrator ein Kennwort vergeben hat. Nach erfolgreichem Login zeigt der Router seinen Systemstatus in Abbildung 1.2 auf Seite 17.

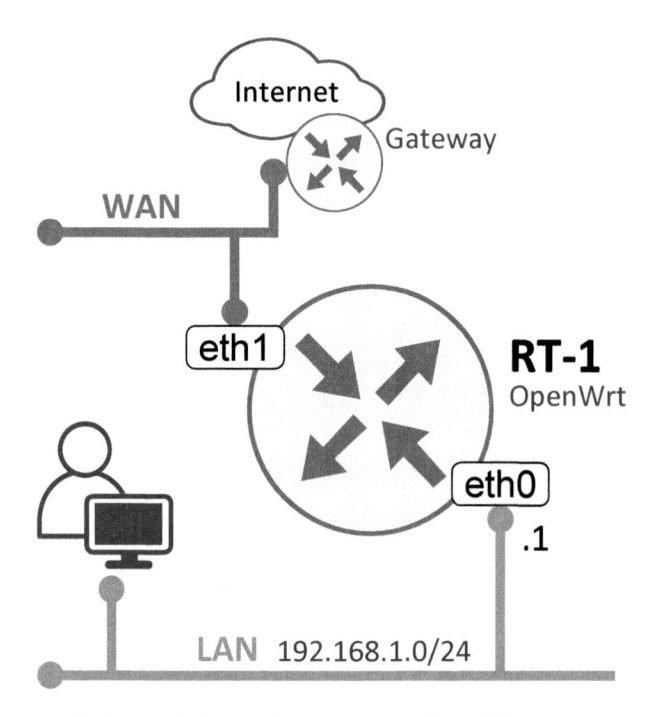

Abbildung 3.1: Erstkontakt zum OpenWrt-Router

Ablauf

LuCI führt die geplanten Änderungen erst durch, wenn diese mit dem Button *Save & Apply* angewendet werden. Die Reihenfolge zum Ändern von Systemeigenschaften mit LuCI ist:

1. Änderungen eingeben, z. B. Hostnamen und Zeitzone anpassen.
2. Die Änderungen mit *Save* speichern, aber noch nicht ausführen.
3. Die geplanten Änderungen mit *unsaved changes* (rechts oben) prüfen (optional).
4. Die Änderungen mit der Schaltfläche *Save & Apply* aktivieren.

Erst im letzten Schritt führt OpenWrt die geplanten Änderungen durch. Die Konfiguration muss nicht explizit gesichert werden.

Netzadapter

Ohne weitere Nachfrage verwendet OpenWrt den ersten Netzadapter als LAN-Interface, welches zu einem vertrauenswürdigen Netzwerk führt. Der zweite Adapter wird sogleich zum WAN-Interface, mit Kontakt zum Internet oder einem anderen feindlichen Netz.
Die Annahmen passen zu einem typischen Heimnetzrouter. Tabelle 3.1 fasst die Voreinstellungen zusammen. Für das LAN-Interface generiert OpenWrt eine zufällige IPv6-Adresse aus dem *Unique Local*-Bereich fd00::/8.

Interface	Adapter	IPv4	IPv6
LAN	eth0 / br-lan	192.168.1.1/24	z. B. fd16:9e7a:84be::1/60
WAN	eth1	DHCP	DHCPv6

Tabelle 3.1: Netzadapter in der Voreinstellung von OpenWrt

OpenWrt gestattet den Zugriff auf die Weboberfläche nur über das LAN-Interface. Aus diesem Grund eignet sich der erste Netzadapter als Managementinterface. LuCI präsentiert die verbauten Netzadapter unter *Network → Interfaces*. Die Einstellungen jedes einzelnen Adapters lassen sich unter *Edit* anpassen. In Abbildung 3.2 erhält das WAN-Interface *eth1* seine beispielhafte IP-Konfiguration.

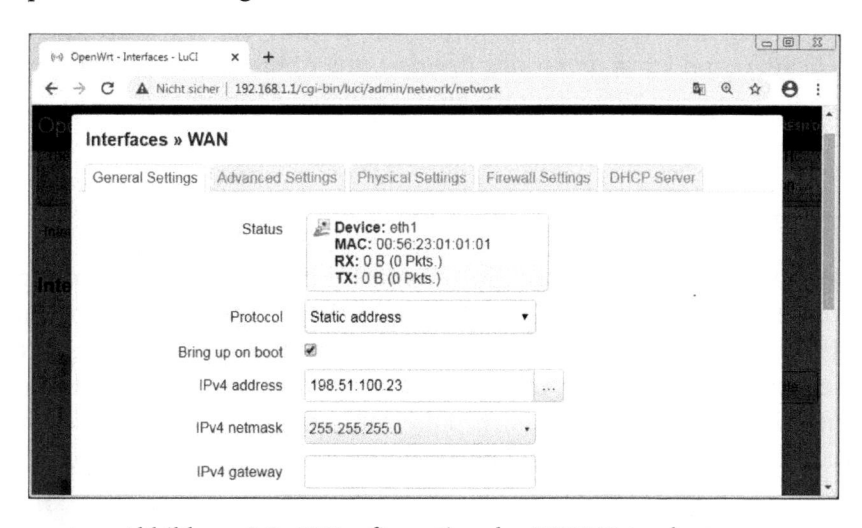

Abbildung 3.2: IP-Konfiguration des WAN-Netzadapters

Weitere Einrichtung

So langsam wird die Weboberfläche von OpenWrt vertrauter und die Befehle anspruchsvoller. Die folgenden Abschnitte behandeln IPv4- und IPv6-Adressen gleichwertig.

Sicherheit

Der erste Schritt sollte die Wahl eines besseren Passworts sein. Unter *System → Administration* kommt der Administrator in den Genuss eines starken Kennworts, das selbst einer Wörterbuch-Attacke standhält.
Wenn der Zugang bereits ein Kennwort hat, lässt sich dieses hier ändern, ohne dass das vorhandene Kennwort bekannt sein muss.

Gateway

Ein Router nutzt sein Gateway, wenn er keine Ahnung hat, wie er ein bestimmtes Netz erreichen soll. Letztendlich ist das Gateway der Pfad vom lokalen Router in Richtung Internet. Das Gateway sollte nur bei demjenigen Netzadapter eingetragen werden, der ins Internet führt. Bei den anderen Adaptern bleibt das Feld leer.

In Abbildung 3.3 hat das WAN-Interface jeweils ein Gateway für IPv4 und für IPv6 und kann damit das Internet aus Abbildung 3.1 erreichen. Wenn bei mehreren Netzadaptern ein Gateway eingetragen ist, verwendet OpenWrt das zuletzt konfigurierte Gateway für die Routingtabelle.

Benutzerkonten

Die Weboberfläche öffnet ihre Pforten nur für den `root`-User. Damit ignoriert LuCI die Multi-User-Fähigkeiten des Betriebssystems. In der Community wird eine Erweiterung für mehrere Benutzerkonten bereits diskutiert und es steht sogar eine fertige Implementierung `openwrt-luci-multi-user` bereit. Allerdings handelt es sich dabei um eine Erweiterung, die einen vollständigen Neubau aus den OpenWrt-Quellen erfordert.

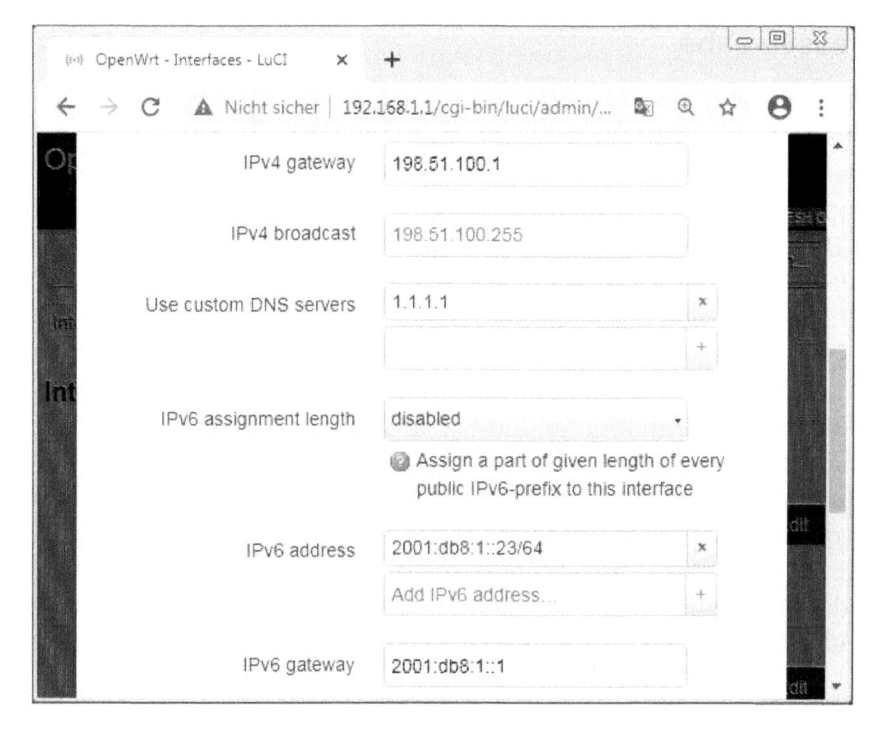

Abbildung 3.3: Statische IPv4- und IPv6-Adresse mit Gateway

> **Achtung**
>
> Ein zusätzliches Softwarepaket aus inoffiziellen Quellen riskiert die Systemstabilität!

Nameserver

Namensauflösung ist wichtig bei Updates und beim Nachinstallieren von Paketen, denn OpenWrt muss die Namen der Repository-Server auflösen können. Für die reine Routerfunktion können DNS-Server auch entfallen. Für LuCI gehört die Namensauflösung zu den Netzadaptern. Über jede Schnittstelle kann OpenWrt seine DNS-Server anfragen, die unter *General Settings* des jeweiligen Netzadapters eingetragen werden. In Abbildung 3.3 verwendet das WAN-Interface einen öffentlichen DNS-Dienst. Die Liste der Nameserver darf aus IPv4- und IPv6-Adressen bestehen.

Kapitel 3. Ersteinrichtung

Adressvergabe

Ein frisch installierter OpenWrt-Router hat einen DHCP-Server und beantwortet damit die Anfragen seiner Clients im LAN nach einer IP-Adresse. Wenn die vorgegebene IP-Adresse in OpenWrt nicht verändert wurde, erhält ein neuer Client eine zufällige IPv4-Adresse zwischen 192.168.1.100 und 192.168.1.250. Diese Form der automatischen Adressierung ist üblich in lokalen Netzen.

In einem Netzsegment darf nur *ein* DHCP-Server aktiv sein. Sollte dennoch ein weiterer DHCP-Server oder ein Router mit DHCP-Funktion existieren, dann muss einer von beiden seine Adressangebote einstellen. OpenWrt deaktiviert diese Funktion in den Eigenschaften der LAN-Schnittstelle bei *DHCP-Server*. Die Option *Schnittstelle ignorieren* beendet das Adressangebot für IPv4 und im Bereich *IPv6 Einstellungen* lässt sich der DHCPv6-Dienst deaktivieren. Nach dem Abspeichern wird OpenWrt auf dieser Schnittstelle keine DHCP-Anfragen mehr beantworten.

Auf der Kommandozeile (vgl. Kap. 5) deaktivieren die folgenden Befehle die Adressvergabe für IPv4 und IPv6 inklusive der Ankündigung als Router.

```
uci set dhcp.lan.ignore='1'
uci del dhcp.lan.ra
uci del dhcp.lan.dhcpv6
uci del dhcp.lan.ra_management
```

Datum und Uhrzeit

Die korrekte Zeitzone, in Verbindung mit einer synchronisierten Systemzeit, ist wichtig bei der Fehlersuche. In der Voreinstellung holt sich der Router seine Tageszeit von einem öffentlichen NTP-Server. Falls dieser nicht erreichbar ist, lässt sich die Uhrzeit auch händisch über den Webbrowser einstellen.

Wenn die Vorgaben nicht zur Umgebung passen, ist LuCI unter *System → System → Time Synchronization* offen für Änderungen.

Sprache

Die Konfigurationsoberfläche verwendet die englische Sprache. Im Repository hält OpenWrt Sprachpakete für knapp 30 Sprachen bereit. Das passende Paket für Deutsch ist `luci-i18n-base-de`. Die zusätzlichen Inhalte zeigt

LuCI unter *System → Software*. Der Button *Update lists...* aktualisiert die lokale Paketliste (vgl. Kap. 7).
Nach der Installation des Sprachpakets zeigt die Liste der verfügbaren Sprachen unter *System → System Language and Style* den neuen Eintrag *Deutsch (German)*. Hier lässt sich die Weboberfläche auf Deutsch umschalten und mit *Save & Apply* anwenden.

Zusammenfassung

Dieses Kapitel hat einen groben Abriss über die erste Einrichtung des OpenWrt-Routers gegeben, ohne auf die Details einzugehen. Nach Abschluss der Systemkonfiguration und Einrichtung der Netzadapter mit den vorgesehenen IP-Adressen hat der Router eine Verbindung zum angeschlossenen Netzwerk, die richtige Uhrzeit und zeigt seine Weboberfläche in deutscher Sprache an.

Kapitel 4

Konnektivität

Eine wichtige Komponente in Unternehmensnetzen sind Router. Router verbinden IP-Netze miteinander und leiten Pakete vom einen Netz ins andere weiter. Die Router treffen dabei die Entscheidung, welchen Pfad ein Paket vom Sender zum Empfänger nimmt.
Switches stellen Konnektivität für Server, Workstations und Laptops bereit. Switches sind Infrastrukturkomponenten, die auf der *Sicherungsschicht* (Schicht 2, engl. *Data Link Layer*) des OSI-Modells arbeiten und dabei Ethernet-Rahmen fehlerfrei übertragen. Sie orientieren sich beim Transport an der MAC-Adresse.
Wenn der Switch über den Tellerrand schaut und Aufgaben der *Vermittlungsschicht* (Schicht 3, engl. *Network Layer*) übernimmt, bekommt er den Titel *Router* oder *Layer-3-Switch*. Dann blickt der Switch in die Kopfzeile des IPv4- oder IPv6-Pakets und entscheidet anhand der Ziel-IP-Adresse, wohin die Reise des Pakets gehen soll.
Routing und Switching von IP-Paketen sind ein Kerngeschäft von OpenWrt.

Labor

Dieses Kapitel verteilt IP-Adressen an die verfügbaren Netzadapter. Aber ein einzelner OpenWrt-Router ohne umgebendes Netzwerk ist wenig beeindruckend. Für den praxisnahen Einstieg versammeln sich mehrere OpenWrt-Geräte in einem konstruierten Labornetz. In dieser Umgebung kann OpenWrt Kapitel für Kapitel mit seinen Fähigkeiten glänzen.

Kapitel 4. Konnektivität

Die folgenden Kapitel basieren alle auf demselben Netzaufbau aus Abbildung 4.6 auf Seite 46. Es stellt ein kleines Unternehmensnetz mit mehreren Standorten dar. Je nach Komplexität eines Themas reicht ein Teil des Labornetzwerks aus, um die Kernaussage zu beschreiben.
Wenn ein Abschnitt einen gesonderten Aufbau benötigt oder ein weiteres Gerät untersucht werden soll, gibt es am Anfang der Lektion einen entsprechenden Hinweis mit Erklärung.

Labor-Server

Alle zentralen Funktionen übernimmt der Labor-Server, der physikalisch oder virtuell integriert wird. Wenn die OpenWrt-Geräte auf ein Client/Server-Protokoll getestet werden, übernimmt der Labserver stets die Rolle des Gegenstücks. Er akzeptiert Anfragen zu NTP, DNS, Syslog, FTP/TFTP, NetFlow und HTTP. Die Kommandobeispiele in den folgenden Kapiteln beziehen sich auf CentOS 7 und Debian 10.

Netzadapter

Die Arbeitsweise der Netzadapter ist abhängig vom Gerätetyp. Handelt es sich bei dem Gerät um einen Router, dann arbeiten die Netzadapter auf OSI-Ebene 3 und kommunizieren per IP-Adresse. Bei einem Switch oder einem WiFi-Accesspoint sind die Netzanschlüsse auf OSI-Ebene 2 tätig und handeln aufgrund der MAC-Adressen.
Häufig vereinen Geräte auch die Funktionen von Router und Switch im selben Gehäuse. Dann ist beispielsweise Netzadapter *eth1* ein gerouteter Port mit IP-Adresse für den Internetzugang und die restlichen Netzanschlüsse sind Switchports für die kabelgebundenen Geräte im Netzwerk.

Nach der Installation von OpenWrt sind die Netzadapter startklar und verlangen nach einer IP-Adresse. OpenWrt hat bereits dem ersten LAN-Port eine IPv4-Adresse zugewiesen. Das Labornetz benutzt stets den ersten Adapter für den Zugriff auf die Weboberfläche. Die verbleibenden Schnittstellen erhalten eine IP-Adresse, um die anderen Router zu erreichen.

Router-Ports

Der Router-Port ist ein Netzadapter mit IP-Adresse, der eine Verbindung zu einem IP-Netz herstellt. Am Gehäuse ist dieser Anschluss häufig mit *LAN* oder *WAN* beschriftet. Anhand der IP-Adressen weiß der Router, mit welchen IP-Netzen seine Netzadapter verbunden sind (Abbildung 4.1).

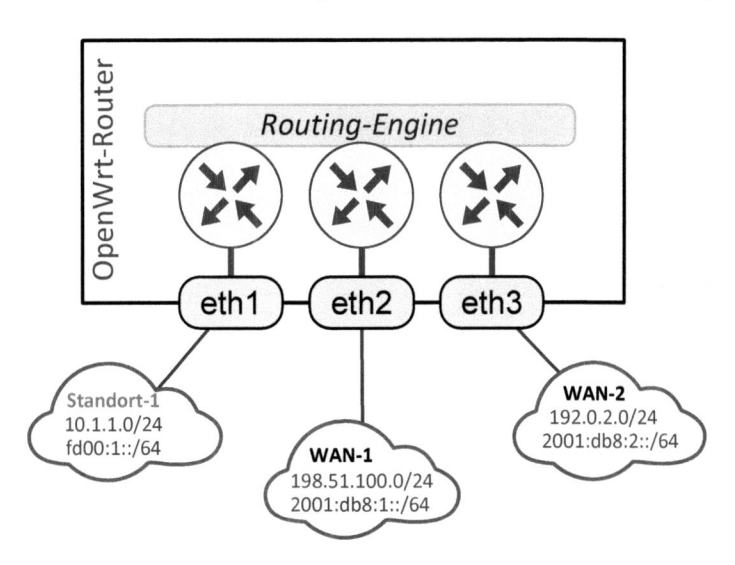

Abbildung 4.1: Jeder Netzadapter erhält eine IP-Adresse für das Routing

Der Beispielrouter RT-1 aus Abbildung 4.6 auf Seite 46 hat drei geroutete Ports, die das Betriebssystem intern als *eth1* bis *eth3* benennt. In Abbildung 4.2 auf der nächsten Seite wird Netzadapter *eth1* zum LAN-Port für Standort-1 und erhält seine IP-Adressen. Die Einrichtung von *eth2* auf der Kommandozeile (vgl. Kap. 5) folgt in Listing 4.1.

```
uci set network.WAN1=interface
uci set network.WAN1.ifname='eth2'
uci set network.WAN1.proto='static'
uci set network.WAN1.netmask='255.255.255.0'
uci set network.WAN1.ipaddr='198.51.100.1'
uci add_list network.WAN1.ip6addr='2001:db8:1::1/64'
```

Listing 4.1: Netzadapter *eth2* erhält seine IP-Adressen per UCI

Kapitel 4. Konnektivität

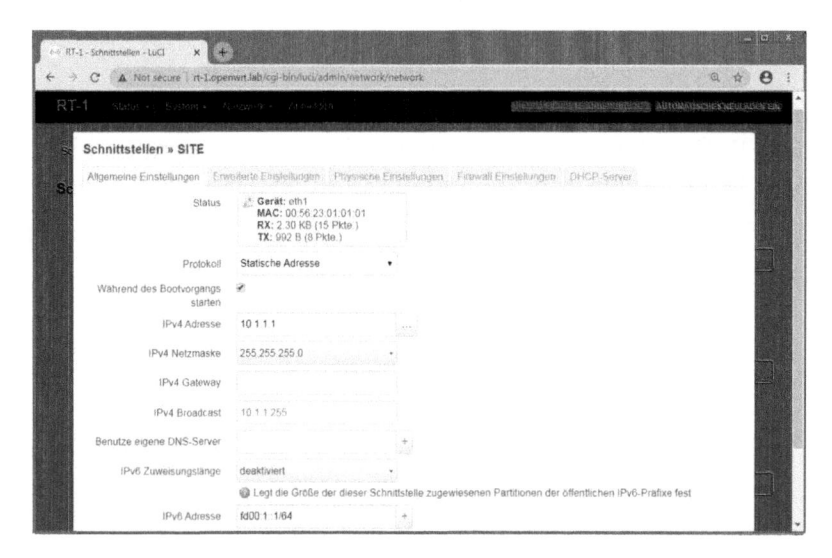

Abbildung 4.2: Netzadapter *eth1* erhält seine IP-Adressen per LuCI

Nach Abschluss der Konfiguration nimmt OpenWrt die Netzadapter in Betrieb. Die Informationen über IP-Netze kommen sogleich in die Routingtabelle. Auf diese Tabelle greift der Kernel zurück, wenn er ein IP-Paket zustellen muss.

Abbildung 4.3 zeigt die Routingtabelle von RT-1, die in der Weboberfläche unter *Status → Routen* steht. Die aufgelisteten IP-Netze führen zu den Netzsegmenten der lokalen Netzadapter.

Wenn in der umgebenden Infrastruktur weitere Netze existieren, müssen diese IP-Informationen manuell unter *Netzwerk → Statische Routen* eingetragen werden.

Switchports

Die einfachste Form der Kommunikation zwischen zwei Switchports erfordert eine Netzbrücke (Bridge), welche die beiden Ports auf der Ethernetebene verbindet. Abbildung 4.4 visualisiert eine Netzbrücke zwischen den ersten drei Anschlüssen.

Ein Switchport benötigt keine IP-Adresse für seine Arbeit. Er lernt MAC-Adressen automatisch und baut sich daraus seine „Switching-Tabelle", ohne dass ein händischer Eingriff erforderlich ist.

Netzadapter

Aktive IPv4-Routen				
Netzwerk	Ziel	IPv4-Gateway	Metrik	Tabelle
lan	0.0.0.0/0	10.5.1.250	0	main
SITE	10.1.1.0/24	-	0	main
lan	10.5.1.0/24	-	0	main
WAN2	192.0.2.0/24	-	0	main
WAN1	198.51.100.0/24	-	0	main

Aktive IPv6-Routen				
Netzwerk	Ziel	Quelle	Metrik	Tabelle
WAN1	2001:db8:1::/64		256	main
WAN2	2001:db8:2::/64		256	main
SITE	fd00:1::/64		256	main

Abbildung 4.3: Die Routingtabelle führt Buch über die erreichbaren IP-Netze

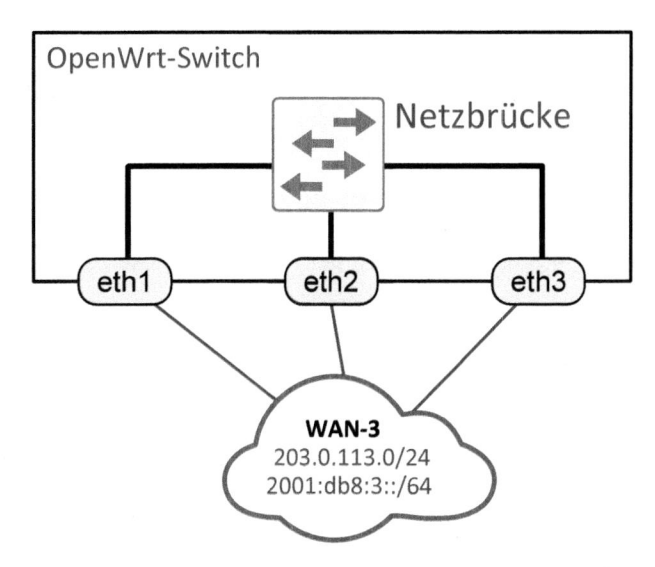

Abbildung 4.4: Eine Netzbrücke verbindet die Switchports auf OSI-Ebene 2

41

Kapitel 4. Konnektivität

In der Beispielumgebung aus Abbildung 4.6 auf Seite 46 besteht das WAN-3-Netz aus mehreren Teilnehmern. Dies wird in einem physischen Labornetz durch einen Switch erreicht, der im Labordiagramm nicht eingezeichnet ist. Dieser Switch hat den Aufbau aus Abbildung 4.4, wobei das dargestellte Netzsegment das WAN-3-Netz ist.

In OpenWrt ist eine Netzbrücke eine zusätzliche Schnittstelle, die mehrere physische Netzadapter zusammenschaltet. In Abbildung 4.5 entsteht eine Netzbrücke zwischen den drei Adaptern des WAN-3-Switches. Da dieser Switch keine weiteren Aufgaben bekommt, benötigt die Netzbrücke keine IP-Adresse. Die passende Einstellung bei *Protokoll* lautet *Ignoriert*.

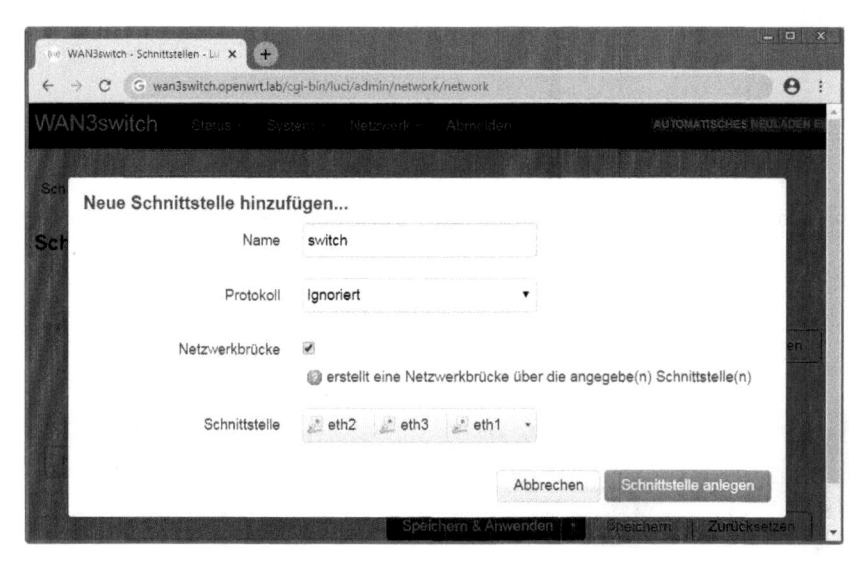

Abbildung 4.5: OpenWrt wird per Netzwerkbrücke zum Switch

Nach einem Klick auf *Schnittstelle anlegen* entsteht ein 3-Port-Switch, der die Laborgeräte RT-2, RT-3 und RT-4 als WAN-3-Segment verbindet.

WiFi

Eine WiFi-Schnittstelle ist ein Netzadapter, der nicht per Kupferkabel kommuniziert, sondern die Luft als Transportmedium verwendet (vgl. Kap. 6). Die WiFi-Schnittstelle kann dabei ein Switchport sein, der die empfangenen

Pakete ungehindert an seine anderen kabelgebundenen Ports weiterreicht. Die WiFi-Schnittstelle kann ebenso ein Router-Port sein, der die IP-Adressen der empfangenen Pakete untersucht und eventuell manipuliert, bevor er die Pakete durch den richtigen Netzadapter an das entsprechende Netzsegment zustellt.

In beiden Fällen können die Datenpakete verschlüsselt die WiFi-Antenne verlassen, damit sie beim Transport über die Luft nicht lesbar und manipulierbar sind. Ob und wie stark diese Verschlüsselung sein soll, entscheidet der Betreiber des Netzes anhand von Richtlinien oder vom Einsatzzweck. Beispielsweise sind Gästenetze häufig unverschlüsselt, um den Besuchern keine Umstände beim Internetzugriff zu machen. Dagegen gehört Verschlüsselung in Unternehmensnetzen zum Standard.

OpenWrt beherrscht eine Vielzahl von Szenarien, um WiFi-Netze aufzubauen oder an bestehenden Infrastrukturen teilzunehmen:

- Accesspoint / Zugangspunkt. Das OpenWrt-Gerät stellt das WiFi-Netz zur Verfügung, mit dem sich WiFi-*Clients* verbinden können. Ein Accesspoint hat stets einen weiteren (kabelgebundenen) Netzadapter, über den die verbundenen Clients mit dem Rest des Netzwerks kommunizieren. Der Accesspoint erweitert damit das vorhandene Kabelnetz um eine Funkzelle.

- Client. OpenWrt im Client-Modus verhält sich wie ein Laptop oder Smartphone, welches sich mit einem Funknetz verbindet. Per LuCI benötigt OpenWrt die Einstellungen für das WiFi-Netz, mit dem es sich verbinden soll, z. B. Verschlüsselung, Algorithmus, SSID und Passwort.

- Ad-Hoc. Im Ad-Hoc-Modus verbinden sich zwei WiFi-Geräte ohne einen Accesspoint oder eine Infrastruktur.

- 802.11s. Der IEEE-Standard 802.11s behandelt Mesh-Netze. In Mesh-Netzen sind die WiFi-Teilnehmer miteinander verbunden und bieten sich gegenseitige Erreichbarkeit.

- Monitor. In diesem Modus empfängt der WiFi-Adapter die drahtlosen Pakete und leitet sie an eine Software weiter. Damit lassen sich WiFi-Netze analysieren und auf Schwachstellen untersuchen.

Die Teilnehmer des WiFi-Netzes kommunizieren nur miteinander, wenn sie dieselbe Netzkennung (SSID oder Mesh-ID) benutzen. Auf diese Weise können im selben geografischen Bereich mehrere Funknetze nebeneinander existieren.

Firewall

Die Netze hinter den Schnittstellen haben einen unterschiedlichen Schutzbedarf. OpenWrt sortiert dazu die Netzadapter in verschiedene Sicherheitsbereiche ein. Zwischen den Sicherheitsebenen kontrolliert der Paketfilter, ob das konfigurierte Regelwerk die Verbindung erlaubt oder ablehnt.
Bei der Einrichtung eines Netzadapters erwartet der Bereich *Firewall Einstellungen* den Namen einer Firewallzone. In der Voreinstellung bringt OpenWrt die Zonen *lan* und *wan* mit. Netzadapter und Endgeräte in der *lan*-Zone sind vertrauenswürdig und dürfen ungehindert mit den Teilnehmern hinter dem Netzadapter der *wan*-Zone kommunizieren. Andersherum blockiert die Firewall von OpenWrt jegliche Verbindungsanfragen, die von der unsicheren *wan*-Zone kommen.

> **Hinweis**
>
> Wenn ein Netzadapter ohne Firewallregelwerk arbeiten soll, ist die Firewallzone *unspezifiziert* die richtige Wahl.

Üblicherweise ist die *lan*-Zone das Heimnetz und die *wan*-Zone der Uplink zum Internet. Die Richtlinien von OpenWrt sind flexibel anpassbar und in der Weboberfläche unter *Netzwerk → Firewall* einsehbar.

Für das Labornetz ist die voreingestellte Richtlinie von OpenWrt ausreichend. Komplexere Anforderungen an das Regelwerk behandelt Band 2 dieser Buchserie.

Zusammenfassung

OpenWrt kann die verfügbaren Netzadapter flexibel verwenden. Je nach Hardware lässt sich ein Netzadapter als Switchport oder Router-Port einstellen und verwirklicht damit auch anspruchsvolle Netzdesigns.

Zusammenfassung

Ein Switchport arbeitet auf OSI-Ebene 2 und trifft seine Entscheidungen anhand der Ethernet-Adresse. Beim Router-Port erhält der Netzadapter eine IP-Adresse und belegt damit die OSI-Ebene 3. Pfadentscheidungen trifft der OpenWrt-Router anhand der IP-Adresse eines Pakets in Verbindung mit der eigenen Routingtabelle.

Kapitel 4. Konnektivität

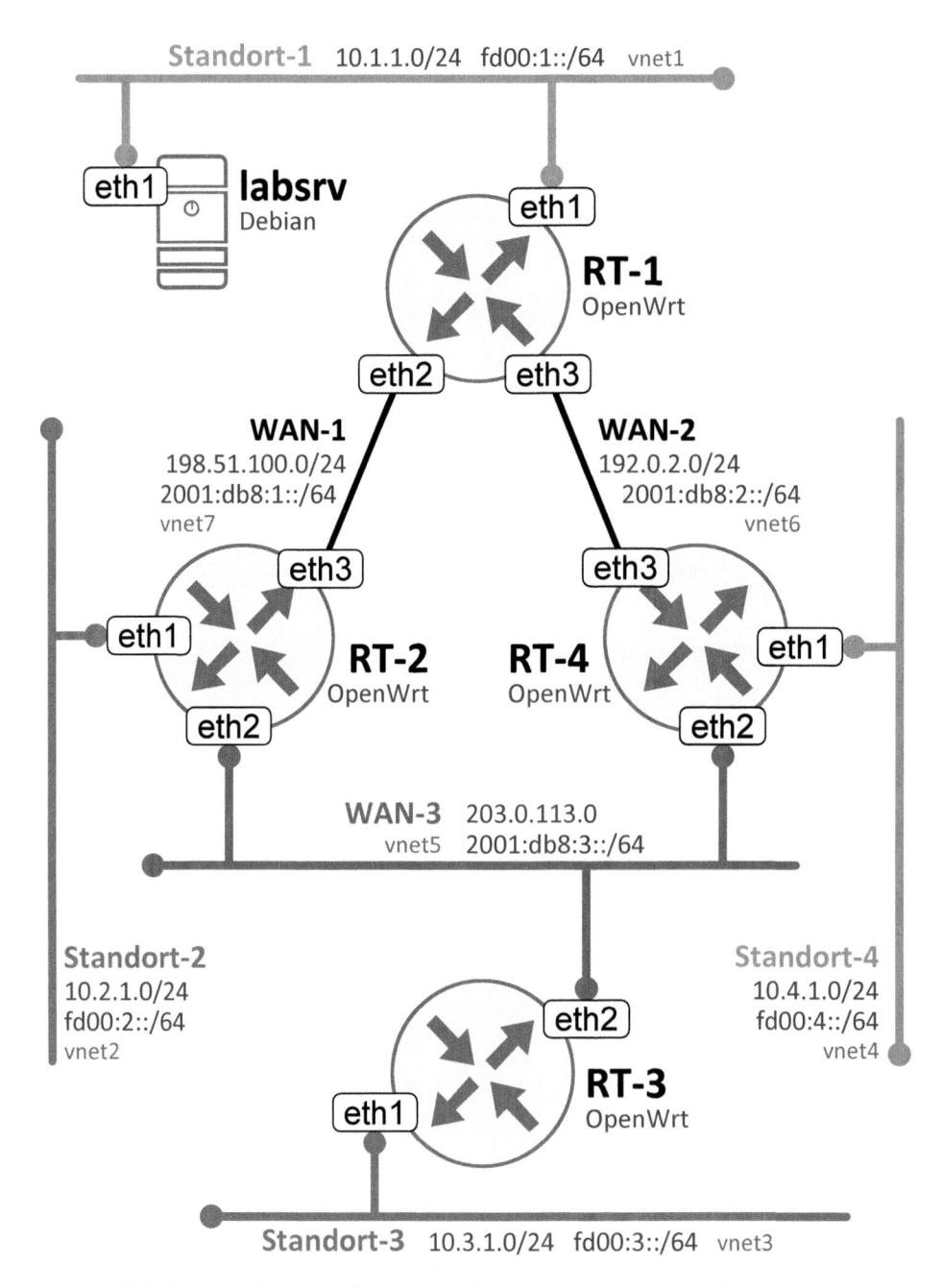

Abbildung 4.6: Das Labornetzwerk als Beispiel für IP-Verbindungen

Kapitel 5

Kommandozeile

Die OpenWrt-Kommandozeile (engl. *command-line interface*, CLI) ist eine reguläre Linux-Shell. Nach dem ersten Login mit dem Benutzernamen *root* sieht das Konsolenfenster aus, wie bei einem herkömmlichen Linux-System. Ist es auch: OpenWrt benutzt den Linux-Kernel und viele der bekannten Kommandos. Linux-Admins werden sich sofort heimisch fühlen, aber Netzwerker brauchen Konfigurationsbefehle, `show`-Kommandos und eine Schnellübersicht der aktiven Konfiguration des Systems.

OpenWrt möchte es beiden Parteien Recht machen und spendiert seinem Betriebssystem das *Unified Configuration Interface* (UCI). Diese netzwerkorientierte CLI übersetzt die JunOS-ähnlichen Befehle in Linux-Kommandos. Bei Systemänderungen manipuliert das UCI alle beteiligten Konfigurationsdateien, lädt Dienste neu oder ändert Einstellungen an Netzadaptern.
Zugegeben: Linux hat viele wunderbare Tools, aber jedes hat seine eigene Logik und Konfigurationssyntax. Das UCI vereinigt sie alle und sitzt *oberhalb* der Linux-Tools (Abbildung 5.1).
Das UCI benutzt die Almquist-Shell (`ash`), also muss der Admin seine Shell für Konfigurationsänderungen nicht verlassen. Alle Kommandos, die an das UCI gerichtet sind, werden mit dem Wort `uci` eingeleitet. Danach kommt das Verb für die Tätigkeit, z. B. `show`, `set` oder `delete`.

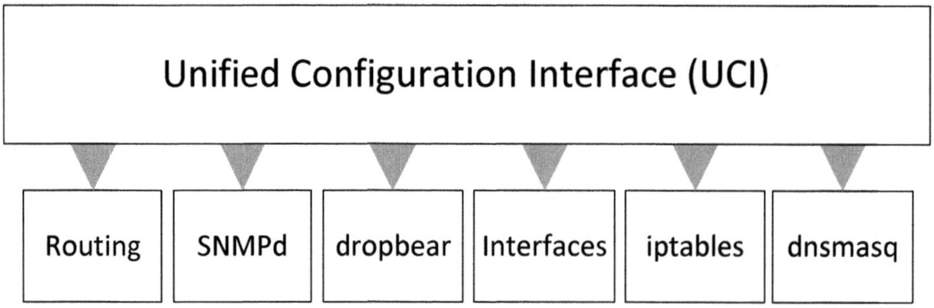

```
┌─────────────────────────────────────────────────────────┐
│          Unified Configuration Interface (UCI)          │
└─────────────────────────────────────────────────────────┘
     │         │         │         │         │         │
     ▼         ▼         ▼         ▼         ▼         ▼
 ┌───────┐ ┌───────┐ ┌────────┐ ┌──────────┐ ┌────────┐ ┌────────┐
 │Routing│ │SNMPd  │ │dropbear│ │Interfaces│ │iptables│ │dnsmasq │
 └───────┘ └───────┘ └────────┘ └──────────┘ └────────┘ └────────┘
```

Abbildung 5.1: Das UCI steuert die anderen Linux-Dienste

Ablauf

Auf der Kommandozeile lassen sich Systemeigenschaften mit dem UCI in wenigen Schritten durchführen.

1. Änderungen eingeben, z. B. Hostnamen anpassen oder das Logging-Level ändern:
   ```
   uci set system.@system[0].hostname='RT-1'
   uci set system.@system[0].conloglevel='5'
   ```

2. Die geplanten Änderungen mit `uci changes` prüfen (optional).

3. Die Änderungen mit `uci commit` aktivieren.

Die geplanten Änderungen führt OpenWrt erst im letzten Arbeitsschritt durch. Die Konfiguration wird automatisch gesichert. Systemänderungen über die Weboberfläche LuCI laufen nach demselben Schema ab (vgl. Kap. 3).

Abbildung 5.2 zeigt die verschiedenen Konfigurationsschritte. Bis zum Ausführen des `commit` ist die aktive Konfiguration unverändert und alle Änderungswünsche gehören zur *working*-Konfiguration, welche in anderen Dokumentationen auch als *Konfigurationskandidat* benannt wird. Beim Systemstart bootet der OpenWrt-Router stets die Bootkonfiguration, die im laufenden Betrieb erst nach einem `commit` aus der aktiven Konfiguration erstellt wird.

Im Vergleich zu einem Cisco IOS-Router entspricht die aktive Konfiguration der `running-config` und die Bootkonfiguration ist das Pendant

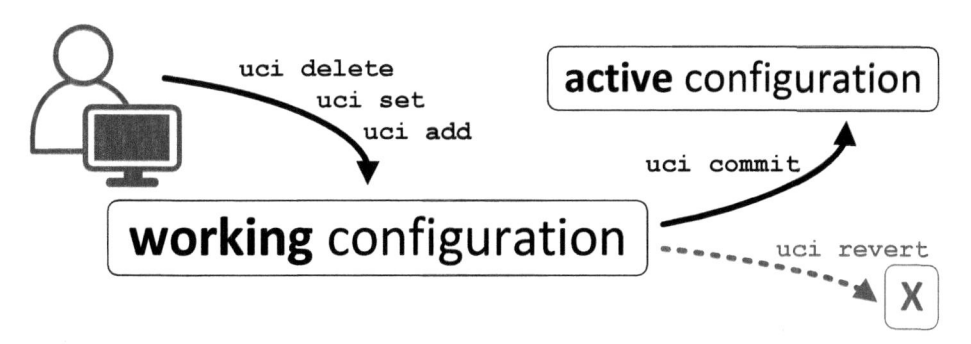

Abbildung 5.2: Die verschiedenen Zustände der UCI-Konfiguration

zur `startup-config`. Das Konzept einer working-config haben IOS-Router nicht; hier sind Änderungen immer sofort wirksam, ohne dass ein `commit` folgen muss.

Übersicht

Das *uci*-Kommando `show` gibt Auskunft über die Konfiguration. Ohne weitere Argumente präsentiert `uci show` alle Settings in alphabetischer Reihenfolge. Da diese Anzeige unübersichtlich ist und meist nur ein Teil der Konfiguration für den geplanten Arbeitsschritt relevant ist, akzeptiert `uci show` Optionen, die nur Teile der Gesamtkonfiguration anzeigen.
Die Einstellung des SSH-Dienstes *dropbear* zeigt `uci` mit dem Befehl:

```
root@RT-1:~# uci show dropbear
dropbear.@dropbear[0]=dropbear
dropbear.@dropbear[0].PasswordAuth='on'
dropbear.@dropbear[0].Port='22'
```

Die Namen der Subsysteme sind sprechend. Dazu gehören *system*, *network*, *firewall*, *wireless*, *dhcp* und *luci*. Zusätzliche Software (vgl. Kap. 7) bringt eventuell eigene Rubriken mit. Beispielsweise erweitert der SNMP-Dienst aus Kapitel 8 die Liste um den Eintrag *snmpd*.

Wenn es etwas genauer sein darf, lässt sich der Bereich innerhalb des Subsystems noch weiter spezifizieren. Die Rubrik *network* versteht zusätzlich den logischen Namen des Netzadapters und gibt präzise Auskunft:

```
root@RT-1:~# uci show network.lan
network.lan=interface
network.lan.ifname='eth0'
network.lan.proto='static'
network.lan.netmask='255.255.255.0'
network.lan.ipaddr='10.5.1.1'
network.lan.gateway='10.5.1.250'
```

Zuletzt kann uci auch einzelne Werte herausrücken, wenn der Aufruf den vollständigen Namen der Variablen enthält. Ob beispielsweise der DHCP-Dienst im LAN-Segment aktiv ist, liefert der folgende Einzeiler:

```
root@RT-1:~# uci show dhcp.lan.ignore
dhcp.lan.ignore='1'
```

Das @-Zeichen

An vielen Stellen enthält die Konfiguration ein @-Zeichen in Verbindung mit eckigen Klammern. Diese Schreibweise benutzt *uci* für die Darstellung eines Arrays. Das @-Symbol kündigt das Array an und die Position innerhalb des Arrays steht in den eckigen Klammern, wobei die Zählweise bei null beginnt.

Die Routingtabelle ist ein gutes Beispiel für ein Array, denn sie enthält meist mehrere Einträge.

```
network.@route[0]=route
network.@route[0].target='198.51.100.0'
network.@route[0].gateway='203.0.113.2'
network.@route[0].netmask='255.255.255.0'
network.@route[0].interface='WAN'
network.@route[1]=route
network.@route[1].target='192.0.2.0'
network.@route[1].gateway='203.0.113.4'
network.@route[1].netmask='255.255.255.0'
network.@route[1].interface='WAN'
```

Die Arrayposition [-1] steht für den *letzten* Eintrag.

Änderungen

Für Konfigurationsänderung vergibt uci die Befehle add, set und delete. Mit add fügt uci neue Variablen hinzu und bei set überschreibt es einen

vorhandenen Eintrag. Das Subkommando `delete` entfernt eine Direktive aus der Konfiguration. Die Änderungen werden erst nach einem bestätigenden `uci commit` wirksam (siehe Seite 48).
Einen neuen Hostnamen erhält der OpenWrt-Router mit dem Befehl:

```
uci set system.@system[0].hostname=RT-1
uci commit
```

Andersherum verschwindet der Community-String aus dem SNMP-Dienst mit dem `delete`-Befehl:

```
uci delete snmpd.private.community
uci commit
```

Bei Änderungen an Listen kommt der `uci`-Befehl `add_list` hinzu, der den neuen Eintrag ans Ende der Liste anhängt. Benötigt beispielsweise der LAN-Adapter einen weiteren DNS-Server, erledigt `add_list` diese Änderung:

```
root@RT-1:~# uci add_list network.lan.dns='10.5.1.53'
root@RT-1:~# uci show network.lan.dns
network.lan.dns='10.5.1.253' 'fd00::3' '10.5.1.53'
```

> **Hinweis**
>
> Der `uci`-Befehl prüft die Syntax von Variablen oder Werten nur minimal. Wenn ein Bereich der Konfiguration einen Tippfehler enthält, wird `uci commit` dies akzeptieren, ohne dass die Änderung im System etwas bewirkt.

Beispielsweise erstellt die Anweisung `uci set system.hostname=RT-2` eine neue Variable, die das System nicht kennt und damit nichts anfangen kann. Der Systemname wird sich dadurch nicht ändern.

Skripte

Die `uci`-Befehle sind so aufgebaut, dass sie sich in Skripten nutzen lassen. Am besten eignet sich dazu der Befehl `uci get`, da er zu der angefragten Variable nur den Inhalt liefert und keine störenden Strings enthält, die das Skript nachfolgend mit `sed` oder `awk` wegtrimmen muss.
Ein exemplarisches Skript kann den Hostnamen per `uci get` erfragen und in einer neuen Variablen speichern.

```
hostname=$(uci get system.@system[0].hostname)
```

Anschließend kann das Skript mit der Variable `hostname` arbeiten, ohne erneut den Wert per `uci` anzufragen.

Beispiele

Die besten Beispiele liefert die Weboberfläche LuCI. Denn intern benutzt LuCI ebenfalls `uci`-Befehle und verrät diese *vor* der nächsten Konfigurationsänderung.
Der Trick besteht darin, die Änderungen am Router per Web-GUI durchzuführen und mit dem Button *Speichern* vorzumerken. LuCI wird die Befehle sammeln, ohne sie tatsächlich auszuführen. Die Änderungswünsche hinterlegt LuCI auf der Weboberfläche rechts oben hinter dem Button *Ungespeicherte Änderungen*. In Abbildung 5.3 erhält der Router einen neuen Netzadapter, sobald der Button *Speichern & Anwenden* angeklickt wird.

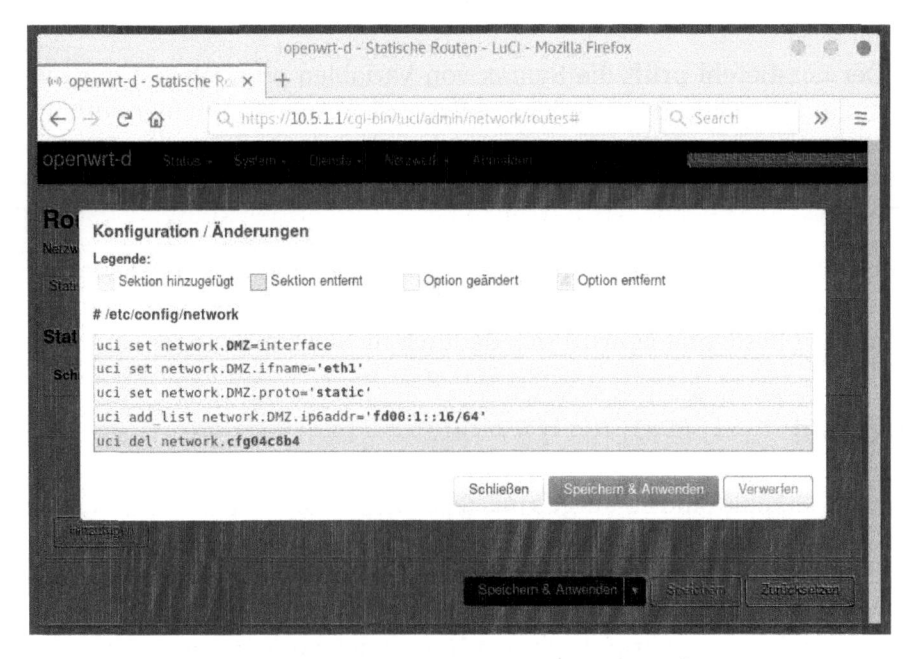

Abbildung 5.3: LuCI informiert über die geplanten Änderungen

Auf diese Weise lässt sich LuCI die entsprechenden uci-Kommandos entlocken. Der Button *Verwerfen* entsorgt die beabsichtigten Befehle und hinterlässt den Router *ohne* irgendeine Änderung.

Zusammenfassung

OpenWrt hat eine vollwertige Kommandozeile für Änderungen am System. Damit lässt sich der Router konfigurieren, ohne dass ein Webdienst läuft und erreichbar sein muss. Auf Low-End-Systemen mit wenig Speicher oder beim Zugriff auf die serielle Konsole ist das *Unified Configuration Interface* die einzige Möglichkeit der Konfiguration.
Die Arbeitsweise ähnelt kommerziellen Routern von Juniper oder Ubiquiti: Änderungen eintippen und mit einem finalen commit gemeinsam ausführen. Im Hintergrund wird OpenWrt Konfigurationsdateien anpassen, Dienste neustarten oder Netzadapter einrichten.

Kapitel 5. Kommandozeile

Kapitel 6

Drahtlos

Funknetze benutzen die Luft als Transportmedium. Sie erweitern das kabelgebundene Netz um Bereiche, die per Kabel nur schlecht oder unbequem erreichbar sind. Vereinfacht gesagt ersetzen Funknetze die Stecker und Kabel durch Antennen und Luft.
Drahtlose Netze werden auch als WLAN (Wireless Local Area Network) oder WiFi bezeichnet. Damit sind die *IEEE 802.11*-Standards gemeint, die seit Ende der 1990er Jahre die Rahmenbedingungen für unlizenzierte Funknetze festlegen. Seit dem ersten Standard im Juni 1997 hat sich die Bandbreite von einem Mbit/s kontinuierlich erhöht und hat bereits die Gbit/s-Marke durchbrochen.
Viele Endgeräte, wie Smartphones, Tablets und einige Laptops, haben gar keinen herkömmlichen Kabelanschluss mehr. Sie kommunizieren ausschließlich drahtlos und erwarten eine WiFi-Infrastruktur in der Umgebung. WiFi ist beliebt in Heimnetzen, Büroumgebungen, Industriehallen, auf Schiffen, Messen und im Hotel. Gegenüber der Bequemlichkeit einer drahtlosen Verbindung steht die Sicherheit der übertragenen Daten. Denn die Luft als Träger lässt sich nicht abschotten wie ein LAN-Kabel. Die herkömmliche Lösung für dieses Problem ist Verschlüsselung. Die Teilnehmer des WLANs authentifizieren sich gegenseitig und verschlüsseln ihre Pakete.

OpenWrt entstand aus dem Wunsch, eine Linux-Distribution für einen WiFi-Router zu schaffen. Das ist gelungen und seitdem unterstützt OpenWrt eine Vielzahl an WLAN-Chips und Netztopologien.

Kapitel 6. Drahtlos

Dieses Kapitel untersucht die Möglichkeiten von OpenWrt in WiFi-Netzen als Zugangspunkt, Client, Ad-Hoc und Monitor. Dabei wird überprüft, dass die Beispiele in der Praxis funktionieren und einen hohen Grad an Sicherheit bieten.

> **Hinweis**
>
> Für die Verschlüsselung benötigt OpenWrt zusätzlich die Pakete *hostapd* und *wpa-supplicant* (vgl. Kap. 7).

Die folgenden Beispiele zeigen stets die textbasierte Konfiguration und nur vereinzelt Screenshots, damit das Kapitel nicht nur aus Abbildungen besteht.

Ad-Hoc

Der *Ad-Hoc*-Modus ist die simpelste Form der Kommunikation, denn dabei verbinden sich zwei Teilnehmer über ihre WiFi-Adapter; ohne ein zentrales Gerät oder eine Infrastruktur. Ein Ad-Hoc-Netz erinnert an ein Cross-over-Kabel: Es stellt eine Verbindung zwischen zwei Computern her – mehr nicht.

Abbildung 6.1: Im *Ad-Hoc*-Modus verbinden sich zwei Teilnehmer direkt miteinander

In Abbildung 6.1 haben sich zwei OpenWrt-Geräte direkt miteinander verbunden und somit ein Ad-Hoc-Netz aufgebaut. Die Einrichtung beginnt in LuCI unter *Netzwerk* → *WLAN*. Dort erstellt der Button *Hinzufügen* ein neues WiFi-Netz. Listing 6.1 und Abbildung 6.2 auf der nächsten Seite zeigen die verwendeten Einstellungen. Die Konfiguration verzichtet auf die automatische Kanalwahl und verwendet einen festen Kanal (Zeile 8), da der Automatismus in der Praxis nicht immer zuverlässig arbeitet.

```
1  uci set wireless.wifinet0=wifi-iface
2  uci set wireless.wifinet0.ssid='OpenWrt'
3  uci set wireless.wifinet0.encryption='psk2+ccmp'
4  uci set wireless.wifinet0.device='radio0'
5  uci set wireless.wifinet0.mode='adhoc'
6  uci set wireless.wifinet0.key='OpenWrt-Praktiker'
7  uci set wireless.radio0.hwmode='11g'
8  uci set wireless.radio0.channel='6'
9  uci set wireless.radio0.country='DE'
10 uci set network.wan1=interface
11 uci set network.wan1.ifname='wlan0'
12 uci set network.wan1.proto='static'
13 uci set network.wan1.netmask='255.255.255.0'
14 uci set network.wan1.ipaddr='198.51.100.2'
15 uci add_list network.wan1.ip6addr='2001:db8:1::2/64'
```

Listing 6.1: OpenWrt startet ein *Ad-Hoc*-Netz mit IPv4/IPv6-Adresse

Die Einstellungen ab Zeile 10 verpassen dem WiFi-Adapter eine IP-Adresse, die zum Laboraufbau aus Abbildung 4.6 auf Seite 46 passt. Das Ad-Hoc-Netz stellt dabei das *WAN-1*-Segment dar.

Abbildung 6.2: Der WiFi-Adapter wechselt in den *Ad-Hoc*-Modus

Kapitel 6. Drahtlos

Ob die Kommunikation zwischen RT-1 und RT-2 über das Ad-Hoc-Netz funktioniert, lässt sich mit dem `ping`-Befehl auf der Kommandozeile oder per LuCI unter *Netzwerk → Diagnosen* nachprüfen. Sobald alles funktioniert, zeigt LuCI unter *Netzwerk → WLAN* bei *RX-Rate* und *TX-Rate* positive Werte (Abbildung 6.3).

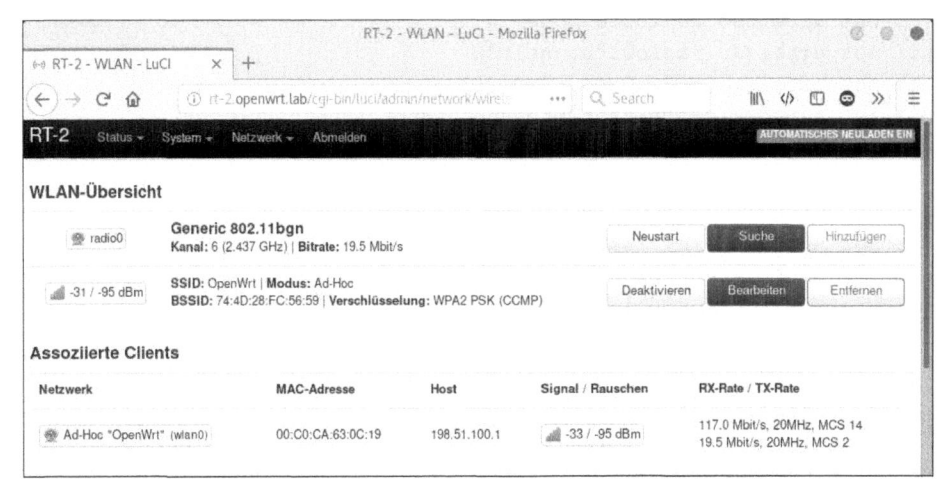

Abbildung 6.3: Zwei OpenWrt-Router sind über das *Ad-Hoc*-Netz erreichbar

Accesspoint

Im Modus *Zugangspunkt* (engl. access point) stellt der WiFi-Router seinen drahtlosen Endgeräten den Einstieg ins Netzwerk bereit. Im einfachsten Fall leitet der Accesspoint die empfangenen WiFi-Pakete über seinen LAN-Adapter weiter ins kabelgebundene Netz und umgekehrt. In Abbildung 6.4 bietet ein Accesspoint den Zugang zum Netzwerk. Die umgebenden Clients kommunizieren nur mit dem Accesspoint, aber nicht untereinander.

Der Accesspoint legt die Rahmenbedingungen für das WiFi-Netz fest und setzt damit die Sicherheitsrichtlinie um. Dazu gehören die Verschlüsselung, die Authentifizierung und der verwendete Funkkanal. Alle Clients, die sich mit diesem WiFi-Netz verbinden wollen, müssen dieselben Einstellungen verwenden.

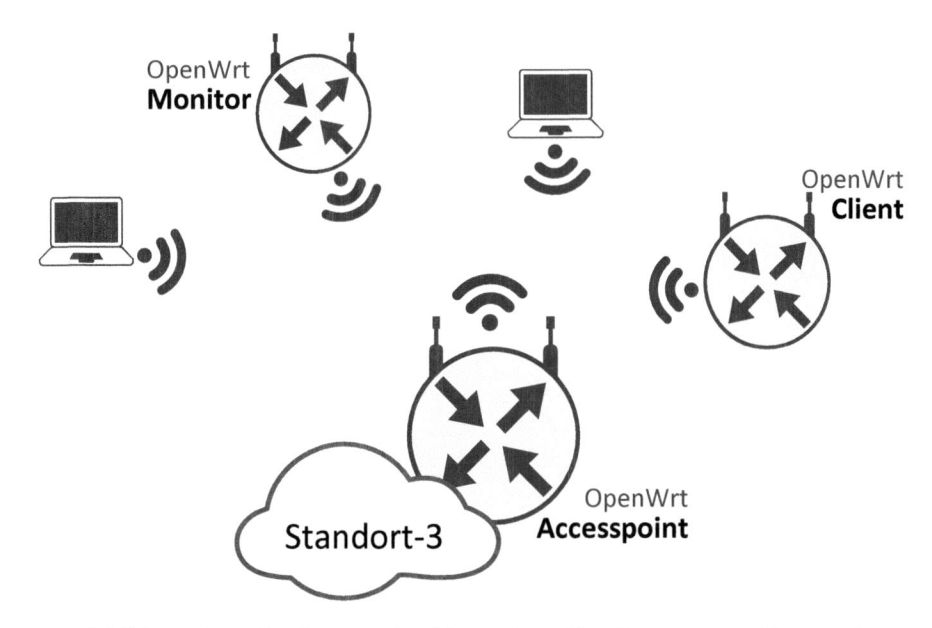

Abbildung 6.4: Als *Accesspoint* bietet OpenWrt Zugang zum Netzwerk

Beispielsweise wird der OpenWrt-Router RT-3 aus dem Labornetz auf Seite 46 zum WiFi-Zugangspunkt. Er gibt damit seinen Clients drahtlosen Zugang zum Standortnetz. Die Konfiguration dazu liefert Listing 6.2.

```
1  uci set wireless.wifinet0=wifi-iface
2  uci set wireless.wifinet0.ssid='Standort3'
3  uci set wireless.wifinet0.encryption='psk2+ccmp'
4  uci set wireless.wifinet0.device='radio0'
5  uci set wireless.wifinet0.mode='ap'
6  uci set wireless.wifinet0.network='SITE3'
7  uci set wireless.wifinet0.key='OpenWrt-Praktiker'
```

Listing 6.2: OpenWrt als *Accesspoint* mit starker Verschlüsselung

Die Anweisung in Zeile 6 verbindet das neue WiFi-Netz mit dem LAN-Adapter per Netzbrücke (siehe Seite 40). Bei der Verschlüsselung (Zeile 3) empfiehlt sich grundsätzlich die höchste Stufe, die der Accesspoint und die Clients beherrschen. Seit 2006 ist das WPA2 und somit verwendet das Beispielnetz in Abbildung 6.5 WPA2 mit einem Pre-shared Key (PSK).

Kapitel 6. Drahtlos

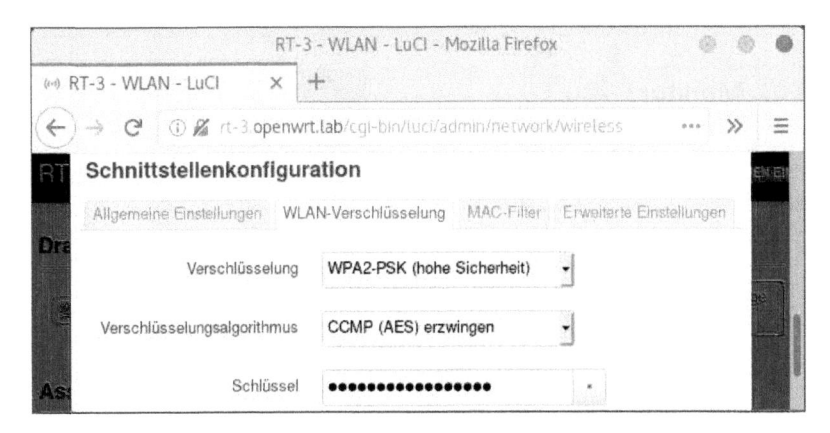

Abbildung 6.5: Der *Accesspoint* verwendet die starke Verschlüsselung WPA2-PSK

Mit den gewählten Einstellungen funkt der neue Accesspoint seine Netzkennung aus. Ein drahtloser Client zeigt das Netz als *Standort3* in seiner Liste der WiFi-Netze an. Für eine erfolgreiche Verbindung benötigt der Client den Pre-shared Key (Zeile 7 in Listing 6.2) und muss dieselbe Verschlüsselung verwenden.

Abbildung 6.6: Am neuen Accesspoint hat sich bereits ein Client angemeldet

Der Accesspoint führt genau Buch, welche Geräte sich mit ihm verbunden haben. LuCI zeigt die assoziierten Clients unter *Netzwerk → WLAN* und in Abbildung 6.6 an.

Üblicherweise vergibt der Accesspoint nach der Einwahl seinem Client eine IP-Adresse. Der notwendige DHCP-Dienst ist in OpenWrt vorinstalliert. Er lässt sich für die WiFi-Schnittstelle oder die Netzbrücke unter *Netzwerk* → *Schnittstellen* im Reiter *DHCP-Server* aktivieren.

Client

Im Modus *Client* nimmt OpenWrt an einem bestehenden WiFi-Netz teil und verhält sich damit wie ein Laptop oder ein Smartphone. Die Einstellungen im Client-Modus richten sich nach dem Accesspoint. In Listing 6.3 wählt sich ein OpenWrt-Router in das Infrastrukturnetz aus Abschnitt *Accesspoint* auf Seite 58 ein.

```
uci set wireless.wifinet0=wifi-iface
uci set wireless.wifinet0.device='radio0'
uci set wireless.wifinet0.mode='sta'
uci set wireless.wifinet0.ssid='Standort3'
uci set wireless.wifinet0.encryption='none'
uci set wireless.wifinet0.key='OpenWrt-Praktiker'
uci set wireless.wifinet0.encryption='psk2+ccmp'
```

Listing 6.3: OpenWrt wählt sich als *Client* in andere Netze ein

Ob die Einwahl erfolgreich war, lässt sich bei beiden Teilnehmern per LuCI unter *Netzwerk* → *WLAN* verfolgen. Abbildung 6.7 zeigt die Sicht des Clients.

Abbildung 6.7: Die WLAN-Übersicht zeigt den Modus und die Verbindungsqualität

Monitor

In der Tätigkeit als *Monitor* wird OpenWrt zum Lauscher. Die WiFi-Antenne empfängt alle Pakete und stellt sie dem Betriebssystem unverändert bereit. Im *Monitor*-Modus gibt es keine Ver-/Entschlüsselung und kein WiFi-Name. Die Konfiguration ist entsprechend kurz:

```
uci set wireless.wifinet0=wifi-iface
uci set wireless.wifinet0.device='radio0'
uci set wireless.wifinet0.mode='monitor'
```

Der Nutzen eines WiFi-Schnüfflers liegt in der Software, welche die Pakete erhält. Im einfachsten Fall lauscht das Analysewerkzeug *aircrack-ng* am WLAN-Adapter und zeigt Informationen über die benachbarten WiFi-Netze an (Abbildung 6.8). Die Anzeige wird regelmäßig aktualisiert.

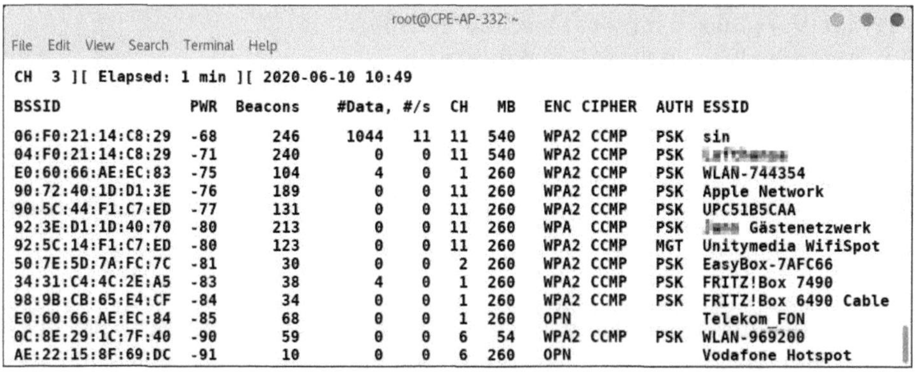

BSSID	PWR	Beacons	#Data,	#/s	CH	MB	ENC	CIPHER	AUTH	ESSID
06:F0:21:14:C8:29	-68	246	1044	11	11	540	WPA2	CCMP	PSK	sin
04:F0:21:14:C8:29	-71	240	0	0	11	540	WPA2	CCMP	PSK	
E0:60:66:AE:EC:83	-75	104	4	0	1	260	WPA2	CCMP	PSK	WLAN-744354
90:72:40:1D:D1:3E	-76	189	0	0	11	260	WPA2	CCMP	PSK	Apple Network
90:5C:44:F1:C7:ED	-77	131	0	0	11	260	WPA2	CCMP	PSK	UPC51B5CAA
92:3E:D1:1D:40:70	-80	213	0	0	11	260	WPA	CCMP	PSK	Gästenetzwerk
92:5C:14:F1:C7:ED	-80	123	0	0	11	260	WPA2	CCMP	MGT	Unitymedia WifiSpot
50:7E:5D:7A:FC:7C	-81	30	0	0	2	260	WPA2	CCMP	PSK	EasyBox-7AFC66
34:31:C4:4C:2E:A5	-83	38	4	0	1	260	WPA2	CCMP	PSK	FRITZ!Box 7490
98:9B:CB:65:E4:CF	-84	34	0	0	1	260	WPA2	CCMP	PSK	FRITZ!Box 6490 Cable
E0:60:66:AE:EC:84	-85	68	0	0	1	260	OPN			Telekom_FON
0C:8E:29:1C:7F:40	-90	59	0	0	6	54	WPA2	CCMP	PSK	WLAN-969200
AE:22:15:8F:69:DC	-91	10	0	0	6	260	OPN			Vodafone Hotspot

Abbildung 6.8: Im *Monitor*-Modus leitet der WiFi-Adapter alle Pakete an `aircrack-ng` weiter

Aircrack-ng liegt als fertiges Paket im Repository bereit. Die folgenden Befehle installieren die Software, legen ein Monitor-Interface an (Zeile 3) und präsentieren in Zeile 5 und Abbildung 6.8 die Übersicht der gesichteten WLAN-Netze.

```
1  opkg update
2  opkg install aircrack-ng
3  iw phy phy0 interface add mon0 type monitor
4  ifconfig mon0 up
5  airodump-ng mon0
```

Mesh

Ad-Hoc-Netze stoßen an ihre Grenzen, wenn viele WiFi-Router involviert sind oder wenn diese von unterschiedlichen Anbietern stammen. Die Lösung kommt als IEEE 802.11s-Standard, der die Kommunikation in drahtlosen Backbone-Netzen (*Mesh*) bestimmt. Durch die festen Regeln bieten Mesh-Netze hohe Flexibilität, schlaue Pfadentscheidungen, große Skalierbarkeit und Kompatibilität zwischen den Herstellern.

Das Mesh-Netz ist dynamisch. Neue WiFi-Stationen lernen automatisch ihre Nachbarn kennen und beteiligen sich am Datentransport. Ebenso lassen sich Geräte wieder entfernen und die verbleibenden Teilnehmer bewegen die Daten um das entfernte Geräte herum.

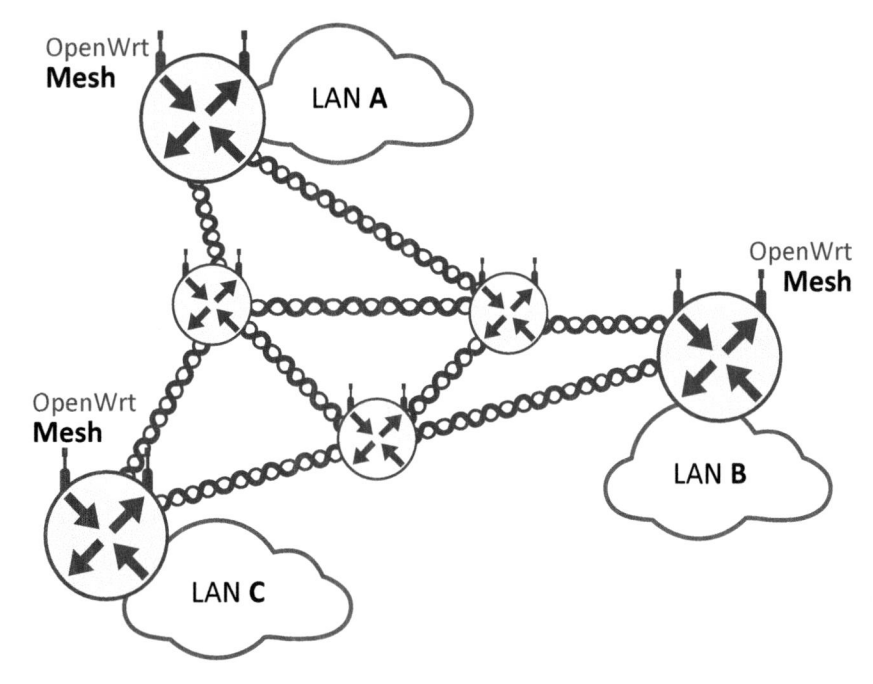

Abbildung 6.9: Mesh-WLANs vergrößern den Empfangsbereich ohne Verkabelung

Abbildung 6.9 zeigt ein beispielhaftes Mesh-Netz. Die Geräte in der Mitte sind *Mesh Points* und transportieren Datenpakete ohne direkten Kontakt zu den WiFi-Clients. Die äußeren Geräte sind *Mesh Accesspoints*: Sie transportieren Pakete und bieten den Zutritt für WiFi-Clients zum Mesh-Netz.

Kapitel 6. Drahtlos

Als Konfigurationsbeispiel formen die Router RT-2, RT-3 und RT-4 im Labornetz von Seite 46 ein Mesh-Netz. Die Funktionalität bringt OpenWrt als Softwarepaket *wpad-mesh-openssl* mit:

```
opkg update
opkg remove wpad hostapd wpa-supplicant
opkg install wpad-mesh-openssl
```

Anschließend erhalten die Router ein neues Interface, eine statische IP-Adresse und die Einstellungen für das Mesh-Netz. Listing 6.4 zeigt die Konfiguration für Router RT-4. Die Befehle für die anderen Mesh Points unterscheiden sich lediglich durch Zeile 5.

```
1   uci add network interface
2   uci rename network.@interface[-1]=wan3
3   uci set network.wan3=interface
4   uci set network.wan3.proto='static'
5   uci set network.wan3.ipaddr='203.0.113.4'
6   uci set network.wan3.netmask='255.255.255.0'
7
8   uci set wireless.wifinet0=wifi-iface
9   uci set wireless.wifinet0.mesh_rssi_threshold='0'
10  uci set wireless.wifinet0.device='radio0'
11  uci set wireless.wifinet0.mode='mesh'
12  uci set wireless.wifinet0.mesh_fwding='1'
13  uci set wireless.wifinet0.mesh_id='WAN-3'
14  uci set wireless.wifinet0.encryption='psk2/aes'
15  uci set wireless.wifinet0.key='OpenWrt-Praktiker'
16  uci set wireless.wifinet0.network='wan3'
```

Listing 6.4: OpenWrt nimmt an einem *Mesh*-Netz teil

Die Einrichtung per LuCI hält eventuell eine negative Überraschung bei der Verschlüsselung bereit. In Abbildung 6.10 weigert sich LuCI die starke Verschlüsselung zu akzeptieren. Die Kommandozeile nimmt die entsprechenden Befehle aus Listing 6.4 ohne Fehlermeldung an.

Das finale Mesh-Netz bestätigt in Abbildung 6.11 die verschlüsselte Kommunikation. Im Zweifel kann ein weiterer OpenWrt-Router im *Monitor*-Modus analysieren und bestätigen, dass die Pakete vom WAN-3-Netz nicht im Klartext sichtbar sind.

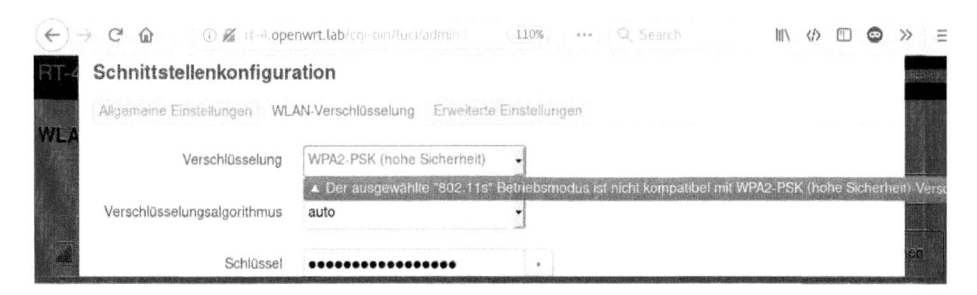

Abbildung 6.10: LuCI verwehrt sich der Verschlüsselung im *Mesh*-Modus

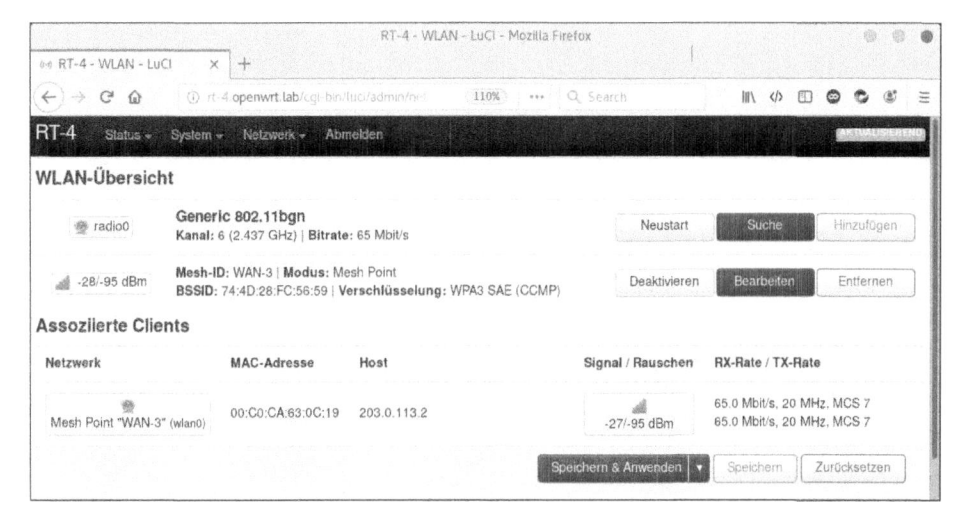

Abbildung 6.11: Jeder *Mesh Point* führt Buch über seine WiFi-Partner

Zusammenfassung

WiFi-Netze sind flexibel, bequem und sparen die Kosten für eine Verkabelung. Dagegen steht der hohe Bedarf an Sicherheit, denn ohne **Verschlüsselung** lassen sich die drahtlosen Teilnehmer leichter angreifen und abhören. OpenWrt ist eine Linux-Distribution für Geräte, die Funknetze aufbauen, oder sich daran beteiligen wollen. Mit entsprechender WiFi-Hardware verwandelt OpenWrt das Gerät in einen Zugangspunkt für drahtlose Teilnehmer oder klinkt sich im Modus *Client* in andere WiFi-Netze ein. Mit der Bezeichnung 802.11s lässt sich mit OpenWrt ein Mesh-WLAN **aufspannen**, welches ganz ohne LAN-Kabel auskommt und größere Bereiche ausleuchten kann. Andersherum macht der Modus *Monitor* den WiFi-Adapter zum stillen Teilnehmer, der die empfangenen Pakete weiterreicht; beispielsweise an eine Analysesoftware.

Kapitel 7

Software

Das vorinstallierte OpenWrt ist vollständig. Wenn zusätzliche Pakete installiert werden sollen, holt der Paketmanager opkg diese aus einem öffentlichen Repository auf das lokale System. Die Aufgabe und Funktion des Paketmanagers unterscheidet sich nicht von einer regulären Linux-Distribution.

OpenWrt stellt die Softwareverwaltung per Weboberfläche LuCI und über die Kommandozeile bereit. Die Installation per LuCI ist etwas bequemer, während die Installation per CLI mehr Möglichkeiten bietet.

Befehle

Die Syntax von opkg ähnelt den Paketmanagern apt von Debian und yum von CentOS. Tabelle 7.1 auf der nächsten Seite listet die wichtigsten Befehle und die Unterschiede zu apt und yum.

Vor der Installation eines neuen Pakets muss die lokale Kopie der Paketliste aktuell sein. Dazu holt das Kommando opkg update die neueste Liste vom Repository-Server. Die nachfolgenden Befehle schauen in diese lokale Liste und finden darin das zu installierende Paket.

Kapitel 7. Software

opkg	apt	yum	Beschreibung
update	update	n/a	Aktualisiert die lokale Paketliste
upgrade	upgrade	update	Installiert die neuesten Pakete
install	install	install	Installiert ein einzelnes (oder mehrere) Pakete
find	search	search	Sucht nach einem Paket
remove	remove	remove	Löscht ein Paket vom System
info	show	info	Zeigt die Metadaten eines Pakets
files	dpkg -L	rpm -ql	Welche Dateien sind in einem Paket?
search	dpkg -S	rpm -qf	Zu welchem Paket gehört eine bestimmte Datei?

Tabelle 7.1: Der Paketmanager opkg von OpenWrt

Beispiel

Die Weboberfläche von OpenWrt hält die Softwareverwaltung unter *System → Software*. Der erste Schritt ist ein Update der Paketliste per Button *Update lists*. Anschließend findet der Paketmanager die angefragte Software im Suchfeld. In Abbildung 7.1 hat LuCI nach *lldp* gesucht und das gewünschte Paket *lldpd* gefunden. Die Installation beginnt per Knopfdruck auf die Schaltfläche *Install*.

Weniger komfortabel, aber ebenso effizient verläuft die Installation auf der Kommandozeile. Die Arbeitsschritte übernimmt der Paketmanager opkg per Kommandos, die in Listing 7.1 abgedruckt sind. Die Besonderheit ist der find-Befehl, welcher einen regulären Ausdruck erwartet und daher ein nachgestelltes (oder vorangestelltes) Sternchen als Jokerzeichen benötigt.

```
opkg update
opkg find lldp*
opkg install lldpd
```

Listing 7.1: Installation per Kommandozeile

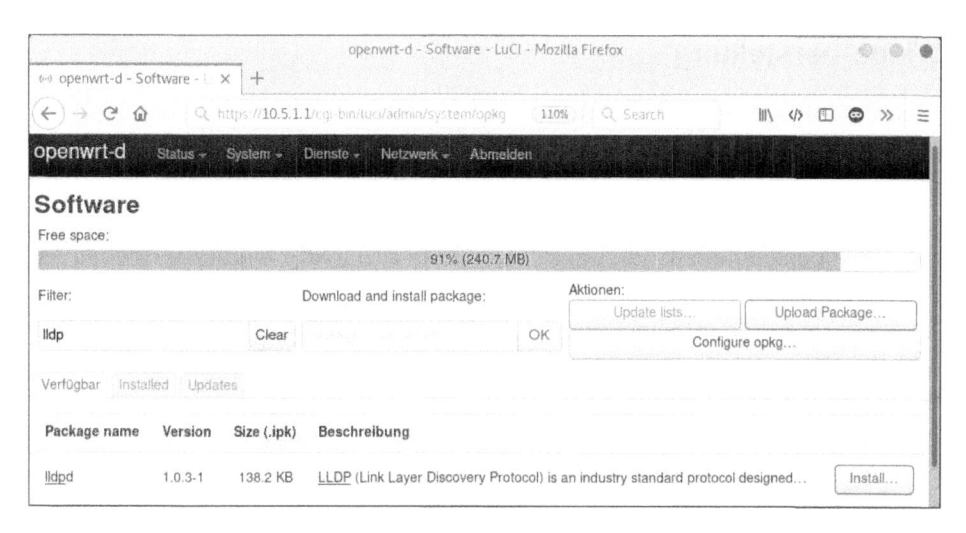

Abbildung 7.1: LuCI installiert neue Softwarepakete

Backup

OpenWrt hat die Konfigurationssicherung in die Webseite eingebaut und der Kommandozeile einen eigenen Befehl dafür spendiert. LuCI hält die Funktionen unter *System → Backup / Firmware Update* bereit. Der Button *Sicherung erstellen* erledigt zielstrebig seine Aufgabe und stellt dem Bediener nach wenigen Sekunden ein Tarball zum Download bereit. Der Dateiname baut sich aus dem Hostnamen und dem aktuellen Datum zusammen:

```
backup-<Hostname>-<Datum>.tar.gz
```

Eine beispielhafte Backup-Datei heißt `backup-rt1-2020-05-27.tar.gz`. Sie besteht aus den Konfigurationsdateien des `/etc`-Verzeichnisses.

Auf der Kommandozeile übernimmt der Befehl `sysupgrade` die Aufgabe einer Sicherung. Da `sysupgrade` ebenfalls für die Wiederherstellung zuständig ist, benötigt der Befehl seine Aufgabe als Argument zusammen mit dem Dateinamen.

Eine Konfigurationssicherung mit passendem Dateinamen erstellt das Kommando:

```
sysupgrade --create-backup /tmp/backup-$HOSTNAME-$(date +%F).tar.gz
```

Wiederherstellung

Mit der Konfigurationsdatei in der einen Hand und einem funktionstüchtigen OpenWrt-Router in der Anderen, kann die Wiederherstellung beginnen. Sobald der neue Router gestartet und betriebsbereit ist, benötigt dieser die gesicherte Konfiguration in Dateiform.
Die Weboberfläche hat den passenden Button *Backup wiederherstellen* im Bereich *System → Backup / Firmware Update* platziert. Das Dialogfeld erwartet den Pfad zur Backup-Datei, die im *tar.gz*-Format vorliegen muss. Auf der Kommandozeile benötigt der `sysupgrade`-Befehl ebenfalls die Backup-Datei im lokalen Dateisystem. Eine Kopie der Datei kann via SSH (vgl. Kap. 1) per *Secure Copy* (`scp`) oder mit einem grafischen `scp`-Programm, wie WinSCP [6], auf den Router gelangen.

```
scp backup-rt1-2020-05-17.tar.gz root@10.5.1.1:/tmp/backup.tar.gz
```

Danach beginnt der Restore auf dem blanken Router mit dem Befehl:

```
sysupgrade --restore-backup /tmp/backup.tar.gz
```

Update

Updates verbessern oder erneuern die Software. Updates sind notwendig. Und Updates sind sinnvoll. Die Versionsnummer verrät meist schon, ob es sich um ein featurereiches Update oder nur um ein paar Bugfixes handelt. Vor allem ein Router mit Kontakt zum Internet sollte stets einen aktuellen Softwarestand haben, um ein hohes Sicherheitsniveau zu erreichen.
Aber Updates sind auch unbequem und riskant. Sie erfordern vorherige Tests zur Kompatibilität und Sicherheit und sie kosten Zeit. Grundsätzlich gilt: Vor dem Update die Konfiguration sichern und außerhalb des Routers aufbewahren.

OpenWrt hat keine automatische Update-Funktion oder -benachrichtigung. Der Vorgang besteht aus drei einzelnen Schritten:

1. Firmwaredatei auswählen. OpenWrt stellt fertige Firmwaredateien für die unterschiedlichen Modelle und Targets bereit (vgl. Kap. 2). Die passende Datei für ein Update hat die Kennung `sysupgrade` im

Dateinamen. Für den Accesspoint *mAP lite* aus Kapitel 2 heißt die Updatedatei:

```
openwrt-19.07.3-ar71xx-mikrotik-rb-nor-flash-16M- \
    squashfs-sysupgrade.bin
```

2. Update starten. Das Update beginnt per Webmenü LuCI unter *System → Backup/Firmware Update*. Unter *Neues Firmware Image schreiben* lässt sich die Datei aus dem vorherigen Schritt auf den OpenWrt-Router kopieren. Bevor OpenWrt das Update startet, zeigt LuCI die Prüfsumme an. Diese sollte mit der angezeigten Prüfsumme des OpenWrt-Webservers übereinstimmen. Ein letzter Klick auf den Button *Fortfahren* startet das Update. Nach einem abschließenden Reboot steht der Router mit der neuen Version bereit.

3. Nacharbeiten und Kontrolle. Die Updatedatei enthält nicht die zusätzlich installierten Pakete. Diese müssen erneut per LuCI oder UCI installiert werden. Zuletzt ist eine kurze Funktionsprüfung empfehlenswert, ob der Router mit dem neuen Betriebssystem seine Aufgaben (z. B. DNS-Forwarder, Werbeblocker, Accesspoint, DSL-Router) erfüllt.

Zusammenfassung

OpenWrt ist klein und schlank. Damit erreicht die Linux-Distribution auch eingebettete Systeme und Minicomputer. Wenn der Lieferumfang nicht ausreicht, kann der Paketmanager die fehlende Software vom öffentlichen Repository holen und im lokalen Router installieren.

Genau so arbeiten auch die anderen Linux-Distributionen und daher ähnelt die Bedienung vom Paketmanager opkg seinen Kollegen unter CentOS und Debian. Bequemer geht es auch, denn die Weboberfläche LuCI sucht, listet und installiert Softwarepakete per Mausklick.

Der Konfigurationssicherung schenkt OpenWrt nur wenig Aufmerksamkeit. Per Kommandozeile oder Web-GUI erstellt OpenWrt eine Backup-Datei, die alle relevanten Einstellungen enthält. Leider gibt es keine Versionierung, Beschriftung oder einen Automatismus.

Kapitel 7. Software

Kapitel 8

Monitoring

Wenn der Router erst mal läuft und richtig konfiguriert wurde, ist die administrative Tätigkeit abgeschlossen. Aber im operativen Bereich gilt es die Geräte zu überwachen, Fehler zu beheben und auf kritische Zustände zu reagieren.
OpenWrt nutzt dafür die klassischen Methoden des Logbuchs und der Benachrichtigung.

Logging

OpenWrt-Router melden alle möglichen Zustände und Vorgänge und schreiben sie ins Logbuch. Das Spektrum reicht von kleinen Informationen bis zum kritischen Alarm. Diese Meldungen sind hilfreich für die Fehlersuche und notwendig für die Systemüberwachung.

Einsicht ins Logbuch gewährt OpenWrt über die Webseiten bei *Status → Systemprotokoll* und *Kernelprotokoll*. Auf der Kommandozeile zeigt der Befehl `logread` diese Informationen an. Der Logdienst `logd` läuft im Hintergrund und erhält die Meldungen von den anderen Systemdiensten. Damit hat OpenWrt einen funktionalen, einfachen Logmechanismus, der für die Fehlersuche ausreicht und keine hohen Anforderungen an die Hardware stellt.

Zentraler Log-Server

Eine einfache Übung für Linux bzw. den Syslog-Dienst ist das Versenden von Logmeldungen über das Netzwerk. Ein zentraler Rechner empfängt die Nachrichten von allen Routern und speichert sie dauerhaft.
Dieser zentrale Loghost kann ein schlichter Syslog-Dienst mit Datei- oder Datenbank-Backend sein. Anspruchsvoller und vielseitiger ist ein Loggingserver, der den Elastic-Stack [7] nutzt.

Im Zeitalter von *Big Data* und günstigem Speicherplatz dürfen die OpenWrt-Geräte alles verschicken, was im System so anfällt. Die Prüfung, Zusammenfassung und Analyse erfolgen im Logserver.
Diese Methode ist interessant für Geräte ohne Speicherkarte oder Festplatte, da Logeinträge meist im Arbeitsspeicher gehalten werden. Folglich sind die Logs nach einem Reboot weg und können nicht für spätere Analysen oder Nachweise herangezogen werden.

Das Kommando zum Verschicken von Systemmeldungen ist in OpenWrt einfach gehalten. Die Geschwätzigkeit über das Netzwerk mit dem Logserver 10.5.1.7 beginnt mit:

```
uci set system.@system[0].log_ip=10.5.1.7
uci set system.@system[0].log_port=514
uci set system.@system[0].log_proto=udp
uci commit

service log restart
```

Alternativ zeigt Abbildung 8.1 die Konfigurations-Webseite bei der Einrichtung des Logservers. Danach berichtet der OpenWrt-Router seine Systemmeldungen über das Netzwerk an die benachbarte IP-Adresse.

Wer sich Sorgen über die zusätzliche Netzlast macht, darf gerne die Menge der Meldungen durch Einschränkungen des Protokolllevels verringern. Mit der Einstellung *Notfall* berichtet OpenWrt nur über katastrophale Ereignisse. Das Gegenteil *Debug* macht den Router zur Quasselstrippe. Ein gesundes Mittelmaß ist *Warnung* oder *Notiz*.

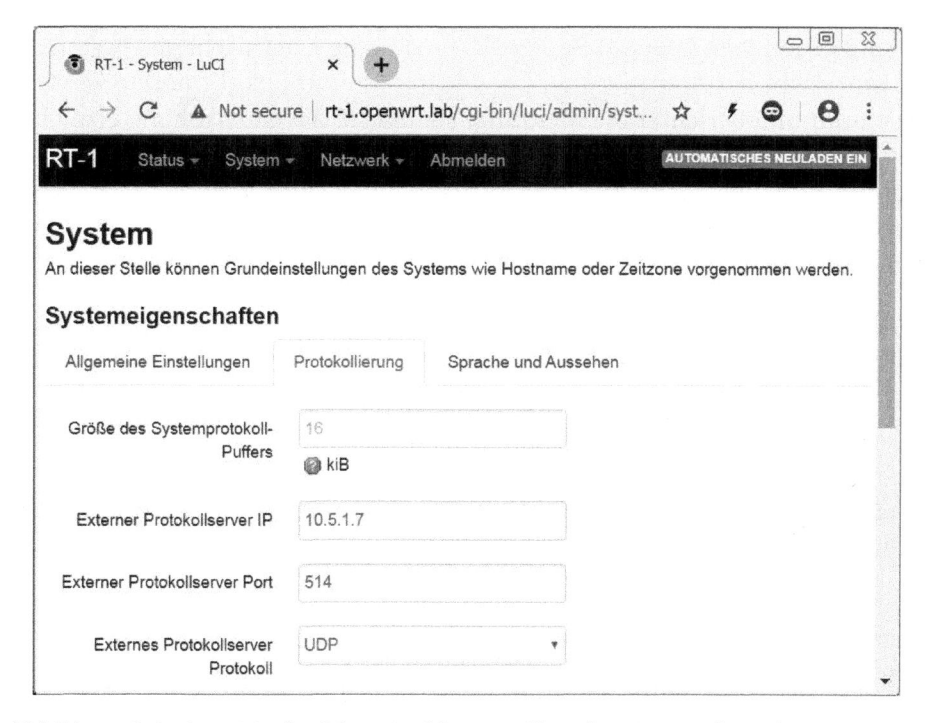

Abbildung 8.1: OpenWrt berichtet Meldungen über das Netzwerk an den Logserver

> **Hinweis**
>
> Mit diesen Änderungen sendet OpenWrt nur Meldungen an den entfernten Server, die per Syslog behandelt werden. Dienste mit eigenem Logmechanismus profitieren somit nicht vom zentralen Loghost.

Direkte Alarmierung

Wirklich wichtige Meldungen gehören auf das Smartphone des verantwortlichen Administrators – und zwar in Echtzeit.
Bisher liegen alle Logeinträge im Arbeitsspeicher des Routers oder beim zentralen Loghost. Falls dieser Loggingserver keine Methode zum Versenden von kritischen Meldungen hat, können der Syslog-NG-Dienst [8] von OpenWrt und der Socialmedia-Messenger *Telegram* [9] diese Aufgabe übernehmen.

Kapitel 8. Monitoring

Streng genommen übergibt Syslog-NG eine Kopie jeder wichtigen Nachricht an ein Skript zur Alarmierung. Das Skript kommuniziert mit der API von *Telegram* und berichtet die Meldung, sodass sie das Smartphone erreicht.

Auf der Seite von Syslog-NG wird entschieden, welche Meldung tatsächlich berichtenswert ist. Die neue Konfigurationsdatei `telegram.conf` trifft die Entscheidungen anhand von Facility, Severity oder Suchmustern.

```
1  mkdir /etc/syslog-ng.d
2  cat <<EOF > /etc/syslog-ng.d/telegram.conf
3  filter f_telegram {
4    ( priority(err..emerg)
5      or message("Telegram-Test")
6      or message("failed login on") )
7    and not message("Failed to find log object")
8    and not message("accepted login on")
9  };
10
11 destination d_telegram {
12   program("/usr/bin/telegram.sh"
13     template("$HOST ${PROGRAM} $PRIORITY: ${MSG}\n")
14   );
15 };
16
17 log {
18   source(net);
19   source(src);
20   filter(f_telegram);
21   destination(d_telegram);
22 };
23 EOF
24 service syslog-ng restart
```

Zeile 4 betrachtet alle Meldungen vom Typ *Error* (und höher) als bedeutsam und ruft zum Telegram-Skript. Danach folgen Meldungstypen, die in der eigenen Infrastruktur einen Alarm wert sind. Beispielsweise informiert Zeile 6 über eine zurückgewiesene Benutzeranmeldung. Wenn sich der Router und der Nachrichtenempfänger in unterschiedlichen Zeitzonen befinden, fügt Zeile 13 die lokale Uhrzeit hinzu. Zuletzt erhält der Syslog-NG-Dienst seine neuen Aufgaben durch einen Neustart in Zeile 24.

Direkte Alarmierung

```
1  #!/bin/sh
2  API_KEY="869879271:AAUEMe8wjRxZB-omTvbkX4mKjGs1un4Lv8s"
3  CHAT_ID=272817384
4
5  while read LINE; do
6    /usr/bin/curl --silent --ipv4 \
7      --data "chat_id=$CHAT_ID&text=$LINE" \
8      https://api.telegram.org/bot$API_KEY/sendMessage >/dev/null
9  done
10
11 exit 0
```

Listing 8.1: OpenWrt sendet Logmeldungen per Chatbot an Telegram

Das Telegram-Skript aus Listing 8.1 erhält seine Meldungen von Syslog-NG per STDIN (Zeile 5). Der Kontakt mit der Telegram-API benötigt einen textbasierten Webclient und beginnt in Zeile 6. Das hier verwendete Kommando curl muss einmalig per opkg install curl installiert werden (vgl. Kap. 7).

Zum Testen der Alarmierung genügt eine harmlose Syslognachricht, die als *Alert* eingeht und von der Kommandozeile erzeugt wird:

```
root@RT-1:~# logger -p \
   local0.alert Telegram-Test
```

In Abbildung 8.2 hat der lokale Router Kontakt zum OpenWISP-Controller verloren und per Telegram berichtet.

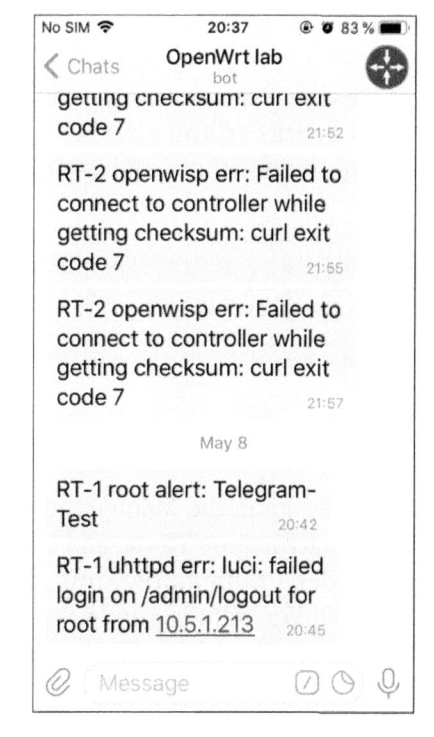

Abbildung 8.2: Wichtige Nachrichten sendet ein OpenWrt-Router direkt an das Smartphone

SNMP

Das standardisierte *Simple Network Management Protocol* (SNMP) darf auf keinem Netzwerkgerät fehlen. Seit Anfang der 1990er Jahre lässt sich über SNMP der IT-Fuhrpark überwachen, konfigurieren und Fehler melden. Die Konfiguration mittels SNMP wird in der Praxis nicht oft gesehen, weil es sicherheitstechnisch sehr bedenklich ist. Aber bei der Überwachung macht das Protokoll seinem Namen alle Ehre: simpel. Auf den Netzgeräten läuft der SNMP-Agent, der das System kennt und auf Anfragen vom SNMP-Manager horcht. Der SNMP-Manager kennt alle seine Agenten und plaudert mit diesen regelmäßig über Netzauslastung, Temperaturen oder Tabellenzustände. Was der Manager mit diesen Daten anfängt, ist dem SNMP-Protokoll letztendlich egal.

OpenWrt macht sich hier das Leben einfach und bestückt sein Linux mit der frei verfügbaren Implementierung *Net-SNMP*. Damit ist OpenWrt ausgestattet für die SNMP-Versionen 1, 2c und 3, sowohl für IPv4 als auch für IPv6. Im ersten Schritt eröffnet der Router seine Pforten via SNMP und erlaubt den lesenden Zugriff auf allen seinen Netzadaptern.

```
opkg install snmpd
uci set snmpd.public.community=PRAKTIKER
uci set snmpd.public6.community=PRAKTIKER
uci set snmpd.@system[0].sysLocation='DC, Cologne, Rack-8C'
uci set snmpd.@system[0].sysContact='der.openwrt.praktiker@gmail.com'
uci set snmpd.@system[0].sysName='RT-1.openwrt.lab'
uci commit

service snmpd restart
```

Anschließend kann die Managementkonsole mit den SNMP-Abfragen loslegen und verschiedene Werte und Zustände erfragen. Die Authentifizierung läuft über den Community-String, der wie ein Passwort funktioniert.
In der ersten Vorstellungsrunde fragt der Laborserver nach dem Namen des Gesprächspartners. Wenn die Kommunikation, der Community-String und die IP-Adresse passen, antwortet der Router mit seinem Hostnamen.

```
root@labsrv:~# snmpwalk -v 2c -c PRAKTIKER 10.5.1.1 \
   SNMPv2-MIB::sysName.0
SNMPv2-MIB::sysName.0 = STRING: RT-1.openwrt.lab
```

Mini-SNMP

Für eingebettete Systeme mit wenig Speicher stellt OpenWrt den alternativen SNMP-Server `mini_snmpd` bereit [10]. Den geringen Speicherbedarf erreicht `mini_snmpd` dadurch, dass es ein reines Auskunftssystem ist. Konfigurationsänderungen lässt `mini_snmpd` nicht zu. Weiterhin bietet `mini_snmpd` keine Weboberfläche und hat keine Schnittstelle zu anderen Programmen. Tabelle 8.1 zeigt die Unterschiede beider SNMP-Implementierungen.

Eigenschaft	mini_snmpd	Net-SNMP
Protokoll-Version	1, 2c	1, 2c, 3
Zähler	32 Bits	64 Bits
IPv4/IPv6	☑☑	☑☑
get/set	☑☐	☑☑
Konfiguration	CLI-Argument	Datei
Dateigröße	40 kB	20 kB
Speicherbedarf	4836 kB	13516 kB
Softwareversion	1.4-rc1	5.8
Lizenz	GNU GPLv2	BSD

Tabelle 8.1: `mini_snmpd` und Net-SNMP im Vergleich

Management Information Base

In einer *Management Information Base* (MIB) ist festgelegt, welche Informationen ein SNMP-Agent erheben und rausrücken muss. Eine MIB umfasst immer ein Thema, z. B. enthält die IPV6-ICMP-MIB viele Statistiken über IPv6 ICMP.

Ein SNMP-Agent unterstützt so viele MIBs, wie der Hersteller einbaut. OpenWrt platziert die MIB-Dateien in das separate Paket *snmp-mibs*. Nach der Installation enthält der Router ca. 70 MIBs, die aus der Sammlung von *Net-SNMP* stammen. Eine eigene MIB für OpenWrt gibt es nicht.

Kapitel 8. Monitoring

Sicherheit

In den Versionen 1 und 2 von SNMP flitzt der Community-String im Klartext durch das Netz. Mit einem abgefangenen String lässt sich der Router nicht nur *auslesen*, sondern auch konfigurieren oder neustarten. Genau aus diesem Grund ist SNMP für Konfigurationsänderungen ungeeignet und auch das obige Beispiel erlaubt nur die *readonly*-Option für den Zugriff. Diesen fehlenden Schutz adressiert SNMP-Version 3 mit Verschlüsselung, Authentifizierung per Benutzername nebst Kennwort, und verschiedenen Kryptoalgorithmen. Der berüchtigte Community-String verschwindet. Die gewonnene Sicherheit geht sehr zulasten des simplen Protokolls, was die Verbreitung der neuen Version 3 hemmt.

Auch in der Community von OpenWrt wird SNMPv3 nur wenig nachgefragt. Als Folge wird der SNMP-Dienst explizit ohne OpenSSL-Bibliotheken kompiliert und enthält nur den schwachen Kryptoalgorithmus MD5, der heutzutage keinen soliden Schutz bietet.

Bezogen auf OpenWrt erwartet Net-SNMP die Securityeinstellung als Zusatz für die Konfigurationsdatei `snmpd.conf`. Leider kennen weder UCI noch LuCI die Einstellungen von SNMPv3. Für die SNMP-Abfrage per Version 3 kommt der beispielhafte User *PRAKTIKER* dazu, der direkt in der Konfigurationsdatei abgelegt wird.

```
killall snmpd
cat <<EOF >> /etc/snmp/snmpd.conf
rouser PRAKTIKER authnopriv
createUser PRAKTIKER MD5 OpenWrt1
EOF
/usr/sbin/snmpd -Lf /dev/null -f -c /etc/snmp/snmpd.conf
```

Für die Managementkonsole gestaltet sich die Abfrage aufwendiger, da die Settings für Authentifizierung übereinstimmen müssen. Das folgende Beispiel holt dieselbe Information wie vorher, allerdings per SNMPv3 über IPv4.

```
snmpwalk -v3 -l authNoPriv -u PRAKTIKER -a MD5 -A OpenWrt1 \
   10.5.1.1 SNMPv2-MIB::sysName.0
SNMPv2-MIB::sysName.0 = STRING: RT-1.openwrt.lab
```

> **Hinweis**
>
> Der SNMP-Dienst in OpenWrt bietet nur eine Authentifizierung ohne Verschlüsselung. Bessere Sicherheit erreicht ein VPN-Tunnel, der den SNMP-Verkehr transportiert und mit soliden Kryptoalgorithmen absichert.

Traps

Bisher war der Monitoringserver stets in der *Hol*-Schuld und musste jeden Router nach jedem Status aushorchen. Und die permanente Fragerei von hunderten von Routern erzeugt eine gewisse Grundlast für Netzwerk und CPU der Geräte.

Also dreht SNMP den Spieß um und lässt die Geräte selbstständig handeln. Wenn ein Wehwehchen auftritt, ist die Netzkomponente in der *Bring*-Schuld und berichtet mittels SNMP-Traps an den voreingestellten Server.

Ein SNMP-Trap ist im Wesentlichen die Antwort auf eine nichtgestellte Abfrage. Der Vorteil liegt darin, dass der Router jederzeit einen Trap senden kann, ohne das er auf die nächste Fragerunde warten muss.

Der SNMP-Dienst verschickt seine Eilmeldungen nach Eingabe weniger Konfigurationszeilen an den Monitoringserver (10.5.1.7) als Trap-Empfänger:

```
1  uci add snmpd trap2sink
2  uci set snmpd.@trap2sink[0].host=10.5.1.7
3  uci set snmpd.@trap2sink[0].community=OpenWrt1
4  uci set snmpd.@trap2sink[0].port=162
5  uci commit
```

Die Trap-Nachrichten enthalten ebenfalls einen Community-String (Zeile 3), der als Authentifizierung zwischen Sender und Empfänger agiert.

OpenWrt ist leider bei SNMP-Traps sparsam. Das UCI liefert Eilmeldungen nur bei einem Neustart oder wenn Systemdienst ihre Mitteilungen als Trap loswerden wollen.

Kommandozeile

OpenWrt bietet auf der Kommandozeile einen Werkzeugkasten gefüllt mit Arbeitsgeräten für die tippfreudige Observierung. Die meisten dieser Über-

Kapitel 8. Monitoring

wachungstools gehören zu den üblichen verdächtigen Linux-Kommandos, die auch beim Troubleshooting gern gesehen sind und aus keiner Distribution wegzudenken sind. Viele der folgenden Befehle fehlen in der Basisinstallation von OpenWrt und müssen einmalig mit `opkg install` aufgespielt werden (vgl. Kap. 7).

bwm-ng Der Bandbreitenmonitor holt sich die Zählerstände vom Linux-Kernel aus `/proc/net/dev` und errechnet daraus die aktuelle Durchsatzrate für jeden Netzadapter. Die Werte werden halbsekündlich aufgefrischt.

top Neben einer aktuellen Liste von Linux-Prozessen liefert `top` noch die momentane Auslastung von Prozessor, Arbeitsspeicher, SWAP und System-Load.

htop Das aufgehübschte `htop` zeigt auf einen Blick die Auslastung vom Prozessor, Arbeitsspeicher, SWAP und eine sortierte Liste der Prozesse.

ethtool Das ultimative Werkzeug zum Anzeigen und Verändern von Stellschrauben der Netzadapter. Die Palette umfasst Treibereinstellungen, Hardwarediagnose, Möglichkeiten für Duplex und Geschwindigkeit, Flusskontrolle, verschiedenste Warteschlangen und gibt sogar tiefen Einblick in den EEPROM von Adaptern und SFPs. Im einfachsten Fall liefert `ethtool -S` reichlich Statistiken zu einzelnen Netzadaptern.

iptraf-ng Menügestützt beinhaltet `iptraf-ng` Funktionen zum Anzeigen von IP-Verbindungen und viele Statistiken über die lokalen Netzadapter. Dazu gehört die Aufteilung des Netzverkehrs in Protokolle, Paketgrößen und Portnummern.

bmon Alle lokalen Netzadapter im Überblick mit Übertragungsraten in Echtzeit liefert `bmon`. Der grafische Modus bringt sogar die Auslastung einer Netzwerkkarte der letzten 60 Sekunden in ASCII-Art.

iftop Welche Client-Verbindungen transportiert der Router? Das zeigt `iftop` pro Interface an und listet neben der Session auch die Übertragungsrate der letzten 2, 10 und 40 Sekunden.

Sensoren

Die Geräte haben an verschiedenen Stellen im Chassis Sensoren zur Temperaturmessung. Kleine Modelle haben meist nur eine Temperaturquelle, während die großen Kisten mehrere Sensoren haben.
Das benötigte `sensors`-Kommando kommt als fertiges Paket vom Repository auf das lokale Gerät:

```
opkg update
opkg install lm-sensors lm-sensors-detect
sensors-detect
```

Ob die Netzkomponente tatsächlich Hardwaresensoren hat, ermittelt das letzte Kommando. Je nach Modell kommt bei der Installation noch ein hardwarespezifisches Kernelmodul dazu, welches neben der Typbezeichnung das Präfix *kmod-hwmon-* im Namen hat, z. B. *kmod-hwmon-lm77*.

Ein *PC Engines ALIX 2D13* liefert seine aktuelle Temperatur durch das passende Kommando `sensors` und berichtet:

```
root@RT-10:~# sensors
lm86-i2c-0-4c
Adapter: CS5535 ACB0
temp1:         +37.0°C  (low  =  +0.0°C, high = +70.0°C)
                        (crit = +85.0°C, hyst = +75.0°C)
temp2:         +42.6°C  (low  =  +0.0°C, high = +70.0°C)
                        (crit = +85.0°C, hyst = +75.0°C)
```

Zusammenfassung

Wenn die Applikationen mal etwas träge reagieren, wird zuerst das Netzwerk verdächtigt. Und schon liegt die Beweislast bei den Netzwerkern, die mit allerlei Kommandos, Diensten und Messungen auf Ursachenforschung gehen.

Der erste Blick führt in die Logdateien der einzelnen Router. In größeren Umgebungen hat sich der zentrale Loghost etabliert, der alle Syslogmeldungen erhält, zusammenfasst und vielleicht sogar analysiert.

Für die regelmäßige Überwachung von Leistungsdaten der Netzkomponenten steht das bewährte Protokoll SNMP bereit. Der SNMP-Manager sammelt regelmäßig Messwerte von den Geräten ein und hat damit eine detaillierte Übersicht vom gesamten Netzwerk und seinem augenblicklichen Zustand. Mit den entsprechenden Paketen lässt sich OpenWrt auch per Zabbix oder Telegraf überwachen, als wäre es ein herkömmlicher Linux-Server. Der Umweg über SNMP entfällt dann.

Bei nichttrivialen Problemen geht es runter auf die Kommandozeile. Dort stehen mächtige Werkzeuge bereit, die Experten für Netzverkehr, Treibereinstellungen und Zustandstabellen sind. Da alles im Stil von Linux gehalten ist, wird sich der Linux-affine Administrator schnell zuhause fühlen.

Kapitel 9

Best Practice

Wenn alles funktioniert, geht es nur noch darum, Kleinigkeiten zu verbessern und Arbeitsabläufe zu vereinfachen. Die vorgestellten *Best Practices* gelten gleichermaßen auch für Router anderer Hersteller, nur die praktische Umsetzung variiert.

Gesicherter Zugang

Der Webzugang per *http* ist unverschlüsselt und damit leicht angreifbar. Für den dauerhaften Betrieb von OpenWrt empfiehlt sich der Umstieg auf das verschlüsselte *https* – vor allem wenn der Router aus dem Internet erreichbar ist.
Der Zugriff auf die Kommandozeile verwendet mit SSH bereits ein abhörsicheres Protokoll. Hier lässt sich der Zugang robuster gestalten und mit kryptografischen Schlüsseln schützen.

Weboberfläche

Für die Verschlüsselung benötigt LuCI das Softwarepaket *luci-ssl*. Nach der Installation dieses Pakets ist der Webserver *uhttpd* fit für *https*. Nach einem Neustart vom *uhttpd* unter *System → Systemstart* verweist LuCI den zugreifenden Webbrowser automatisch an die https-Webseite. Da der Webdienst kein TLS-Zertifikat besitzt, wird er sich beim ersten Start einfach selber eins ausstellen. Der Webbrowser vertraut diesem selbstsignierten

Zertifikat nicht und zeigt dem Anwender die berüchtigte Zertifikatswarnung an.
Diese Warnung lässt sich nur vermeiden, wenn LuCI ein gültiges Zertifikat präsentiert, welches von einer Zertifizierungsstelle stammt, dem der eigene Webbrowser vertraut. Das Zertifikat muss auf den Namen oder auf die IP-Adresse des OpenWrt-Routers lauten.

In der Liste der vertrauenswürdigen Aussteller befinden sich auch Anbieter, die TLS-Zertifikate kostenlos verteilen, wie beispielsweise *Let's Encrypt*. OpenWrt hat sogar Zusatzpakete im Angebot, welche die Zertifikate bei *Let's Encrypt* anfordern und dem Webserver bereitstellen. Die Software heißt *acme* und für die grafische Konfiguration gibt es *luci-app-acme*.
Jeder andere Zertifizierungsdienst ist ebenso willkommen. Das fertige Zertifikat muss per `scp` oder WinSCP ins Dateisystem des OpenWrt-Routers als `/etc/uhttpd.crt` kopiert werden. Anschließend ist ein Neustart von *uhttpd* nötig.

Kommandozeile

Der Zugriff auf die Kommandozeile des OpenWrt-Routers verwendet das SSH-Protokoll. Die Kommunikation über das Netzwerk erfolgt verschlüsselt, sodass hier bereits eine Basissicherheit besteht.
Der erste Schritt für mehr Sicherheit besteht darin, dass der SSH-Dienst nur auf vertrauenswürdigen Netzadaptern ein Login erlaubt. Unter *System → Administration → SSH-Zugriff* lässt sich der Zugriff auf einzelne Schnittstellen einschränken. Eine SSH-Anfrage von einer anderen Schnittstelle bleibt unbeantwortet, sodass ein potenzieller Angreifer nicht mal die Chance hat, ein Passwort einzutippen.

Eine aufgebaute SSH-Verbindung erreicht ein höheres Sicherheitsniveau, wenn sie keine Algorithmen verwendet, die in der Vergangenheit durch Schwachstellen oder kurze Schlüssellängen aufgefallen sind. Mit einem Programm zur Schwachstellenanalyse lässt sich ermitteln, welche Algorithmen anfällig sind.
Am Beispiel von `ssh-audit` [11] und OpenWrt Version 19.07.3 zeigt Listing 9.1 die problematischen Algorithmen und gibt sogleich Empfehlungen.

```
1  root@labsrv:~# ssh-audit.py --ssh2 --level=warn rt-1.openwrt.lab
2
3  # key exchange algorithms
4  (kex) diffie-hellman-group14-sha1    -- [warn] using weak hashing algorithm
5
6  # host-key algorithms
7  (key) ssh-rsa (2048-bit)             -- [fail] using weak hashing algorithm
8
9  # message authentication code algorithms
10 (mac) hmac-sha1                      -- [warn] using encrypt-and-MAC mode
11                                      `- [warn] using weak hashing algorithm
12 (mac) hmac-sha2-256                  -- [warn] using encrypt-and-MAC mode
13
14 # algorithm recommendations
15 (rec) -diffie-hellman-group14-sha1   -- kex algorithm to remove
16 (rec) -hmac-sha1                     -- mac algorithm to remove
```

Listing 9.1: `ssh-audit` prüft den SSH-Zugang auf schwache Algorithmen

Die Empfehlung von `ssh-audit` besteht darin, die beiden Algorithmen für den Schlüsselaustausch (Zeile 15) und den Authentifizierungscode (Zeile 16) nicht zu verwenden.

Welchen Algorithmus der SSH-Client für die Verbindung verwendet, zeigt OpenSSH durch die Option -v beim Aufruf (gekürzt):

```
root@labsrv:~# ssh -v rt-1.openwrt.lab
[...]
debug1: kex: server->client cipher: aes128-ctr MAC: hmac-sha2-256
debug1: kex: client->server cipher: aes128-ctr MAC: hmac-sha2-256
[...]
```

Falls hier ein Algorithmus auftaucht, vor dem `ssh-audit` warnt, dann lässt sich dieser per Konfigurationsdatei von OpenSSH ausschließen.

Factory-Default

Jedes gute Netzwerkgerät hat die Möglichkeit, alle Änderungen zu verwerfen und damit den Auslieferzustand zu erreichen. Diese Werkseinstellungen sind nötig, wenn der Router verkauft, verschenkt oder entsorgt wird. Im einfachsten Fall wechselt das Gerät nur seine Funktion und soll keine störenden Konfigurationsreste aufweisen. Grundsätzlich wird ein Router auf *Factory-Default* gesetzt, wenn alle Spuren gelöscht werden sollen.

Die Methode zum Löschen unterscheidet sich zwischen den verschiedenen Firmwareversionen.

- In der Textkonsole oder nach der Einwahl per SSH lautet das Löschkommando firstboot (Abbildung 9.1). Diese Methode funktioniert nur, wenn OpenWrt von einem *SquashFS*-Image installiert wurde.

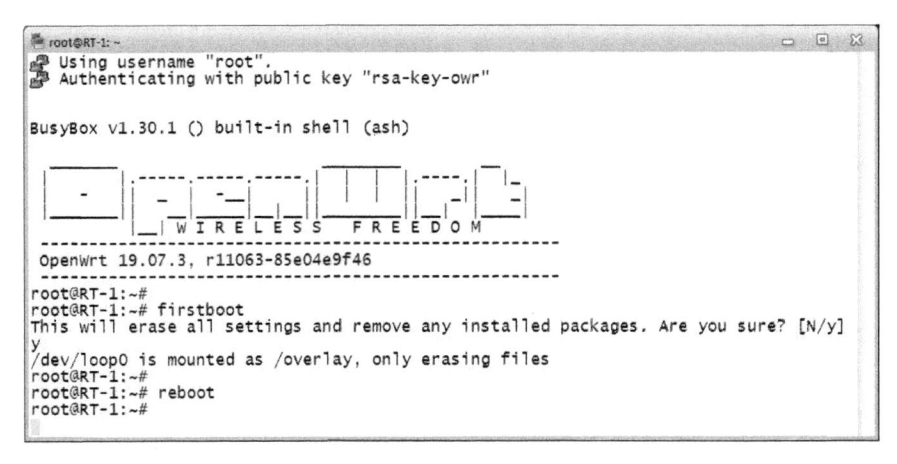

```
root@RT-1: ~
Using username "root".
Authenticating with public key "rsa-key-owr"

BusyBox v1.30.1 () built-in shell (ash)

   _____                        _____        _____
  |       |.-----.-----.-----.|  |  |  |.----.|      |
  |   -   ||  _  |  -__|     ||  |  |  ||   _||  -   |
  |_____||   __|_____|__|__||_____||__|  |_____|
           |__| W I R E L E S S   F R E E D O M
 -----------------------------------------------------
 OpenWrt 19.07.3, r11063-85e04e9f46
 -----------------------------------------------------
root@RT-1:~#
root@RT-1:~# firstboot
This will erase all settings and remove any installed packages. Are you sure? [N/y]
y
/dev/loop0 is mounted as /overlay, only erasing files
root@RT-1:~#
root@RT-1:~# reboot
root@RT-1:~#
```

Abbildung 9.1: Factory-Reset bei OpenWrt mit *SquashFS*-Dateisystem

- Bei Systemen mit *ext4*-Dateisystem bringen die folgenden Löschkommandos das System auf Vordermann:

```
rm /etc/config/*
rm -rf /var/log/*
rm /etc/dropbear/*
rm /etc/rc.local /etc/firewall.user /etc/crontabs/root
reboot
```

Danach startet der Router neu und meldet sich mit der initialen IPv4-Adresse 192.168.1.1 auf dem LAN-Netzadapter zurück. Der WAN-Adapter fragt per DHCP nach seiner Adresse und der Admin-Zugang ist ohne Passwort nutzbar (vgl. Kap. 3).

Update

Die Entwickler von OpenWrt stellen in unregelmäßigen Abständen aktuelle Stände der Pakete und des Betriebssystems bereit. Der Anwender hat damit die Wahl, ob er einzelne Pakete aktualisieren möchte oder das komplette Betriebssystem gegen ein Neues austauscht.

Pakete

LuCI hält die Liste der aktualisierbaren Pakete im Webmenü unter *System → Software → Updates* bereit. Jede Zeile enthält eine Software und die verfügbare Version. Der Button *Upgrade...* aktualisiert das ausgewählte Paket.
Leider gibt es keinen Schalter, der *alle* Pakete erneuert, sodass der Updatevorgang bei einer langen Liste viel händische Interaktion erfordert.

Auf der Kommandozeile laufen die Updates ähnlich ab. Der neue Befehl `opkg list-upgradable` zeigt dieselbe Liste der erneuerbaren Pakete. Das Kommando `opkg upgrade` benötigt den Namen eines Pakets und aktualisiert darauf seinen Inhalt.
Einen Befehl zum Update aller Pakete existiert auf der Kommandozeile ebenfalls nicht, aber mithilfe der Befehlsverkettung lässt sich ein Workflow erstellen, der das Update automatisiert:

```
opkg list-upgradable | cut -f 1 -d ' ' | xargs opkg upgrade
```

Die Verkettung mit `cut` formatiert die Liste der Updates, sodass `opkg` sie akzeptiert und nacheinander aktualisiert.

Gesamt

Bei großen Versionsschritten spendiert OpenWrt ein neues Firmware-Image, welches sich als Update einspielen lässt. Das Image enthält *alle* Pakete und ist entsprechend größer als die einzelnen Pakete, die beim Update aktualisiert werden.
OpenWrt stellt die Update-Images auf seiner Webseite bereit. Eine Firmwaredatei für ein Update hat stets die Kennung `sysupgrade` im Dateinamen. Beim Stöbern durch die Download-Verzeichnisse ist es essenziell, das passende Image für die Zielhardware zu finden. In der Textdatei

Kapitel 9. Best Practice

/etc/openwrt_release verrät OpenWrt, welches Target und welche Architektur der Router verwendet. Listing 9.2 zeigt die Ausgabe des Accesspoints aus Kapitel 2. Das vorliegende Gerät nutzt eine *mips_24kc* Architektur und das *ar71xx/mikrotik*-Target. Die passende Downloaddatei dieser Firmware heißt:

```
https://downloads.openwrt.org/releases/19.07.3/targets/ar71xx/mikrotik/ \
   openwrt-19.07.3-ar71xx-mikrotik-rb-nor-flash-16M-squashfs-sysupgrade.bin
```

```
DISTRIB_ID='OpenWrt'
DISTRIB_RELEASE='19.07.3'
DISTRIB_REVISION='r11063-85e04e9f46'
DISTRIB_TARGET='ar71xx/mikrotik'
DISTRIB_ARCH='mips_24kc'
DISTRIB_DESCRIPTION='OpenWrt 19.07.3 r11063-85e04e9f46'
DISTRIB_TAINTS=''
```

Listing 9.2: Inhalt von /etc/openwrt_release beim Accesspoint *mAP lite*

Den „großen" Updateprozess platziert LuCI bei *System → Backup / Firmware Update*. Ein Klick auf die Schaltfläche *Firmware aktualisieren...* fragt nach der Firmwaredatei mit der sysupgrade-Kennung. Anschließend kopiert die Webseite die Datei auf den Router und berechnet die Prüfsummen (Abbildung 9.2).

Abbildung 9.2: OpenWrt empfiehlt die manuelle Kontrolle der Prüfsummen

Falls sich eine der Prüfsummen von der angegebenen Prüfsumme auf der Downloadseite unterscheidet, ist die Kopie fehlerhaft und der Vorgang muss wiederholt werden. Wenn die Hashwerte übereinstimmen, leitet der *Fortfahren*-Button das Update ein. Nach einem abschließenden Reboot steht der Router mit der neuen Version bereit.

Durchsatz messen

Der verfügbare Durchsatz zwischen zwei Routern entspricht nur im Idealfall der Bandbreite der Netzschnittstelle. Meistens sind limitierende Faktoren auf der Strecke, die die Durchsatzrate verringern.
Zwischen zwei OpenWrt-Instanzen kann mit *iperf3* schnell die verfügbare Bandbreite gemessen werden. *iperf3* lässt sich als Plug-in über die Kommandozeile nachinstallieren. Es ist leicht zu verwenden, liefert aussagestarke Ergebnisse und läuft unter Linux, Windows, macOS und auf Smartphones.

Bei *iperf3* verschickt der Sender Daten mit maximaler Geschwindigkeit zum Empfänger und beide ermitteln den Durchsatz.
Ein OpenWrt-Router ist der Empfänger und der andere ist der Sender. Die Rollen entscheiden über die Richtung der Messung, denn die ermittelte Bandbreite gilt *von* Sender *zum* Empfänger. Für eine Messung der Gegenrichtung wird das Experiment wiederholt, allerdings mit vertauschten Rollen.

```
root@RT-2:~ # iperf3 --server --interval 10
-----------------------------------------------------------
Server listening on 5201
-----------------------------------------------------------
Accepted connection from 203.0.113.3, port 53520
[  5] local 203.0.113.2 port 5201 connected to 203.0.113.3 port 53522
[ ID] Interval           Transfer     Bitrate
[  5]   0.00-10.00  sec  16.6 MBytes  13.9 Mbits/sec
[  5]  10.00-10.04  sec  87.7 KBytes  17.8 Mbits/sec
- - - - - - - - - - - - - - - - - - - - - - - - - - -
[ ID] Interval           Transfer     Bitrate
[  5]   0.00-10.04  sec  16.7 MBytes  13.9 Mbits/sec
```

Listing 9.3: iperf-Server auf RT-2

Der Empfänger startet mit `iperf3 -s` und der Sender führt den Befehl `iperf3 -c <IP_der_Gegenstelle>` aus. Wenn zwischen den Messpunkten eine Firewall versteckt ist, muss Port 5201 erlaubt sein. *iperf3* funktioniert gleichermaßen über IPv4- und IPv6-Verbindungen.

```
root@RT-3:~ # iperf3 --interval 10 --client 203.0.113.2
Connecting to host 203.0.113.2, port 5201
[  4] local 203.0.113.3 port 53522 connected to 203.0.113.2 port 5201
[ ID] Interval           Transfer     Bandwidth       Retr  Cwnd
[  4]  0.00-10.00  sec   17.0 MBytes  14.2 Mbits/sec   0    46.7 KBytes
- - - - - - - - - - - - - - - - - - - - - - - - - - -
[ ID] Interval           Transfer     Bandwidth       Retr
[  4]  0.00-10.00  sec   17.0 MBytes  14.2 Mbits/sec   0         sender
[  4]  0.00-10.00  sec   16.7 MBytes  14.0 Mbits/sec             receiver
```

Listing 9.4: iperf-Client auf RT-3

Am Beispiel von Listing 9.3 und 9.4 sendet RT-3 an RT-2 und zeigt die gemessene Bandbreite. Die Messdauer von 10 Sekunden ist die Voreinstellung und kann über das Kommandozeilenargument `--time` beliebig verändert werden. Alle Optionen zeigt `iperf3 --help` an.

SSH-Login ohne Passworteingabe

OpenWrt erwartet für ein SSH-Login den Benutzernamen nebst Kennwort. Und da ein gutes Passwort aus vielen Buchstaben, Zahlen und Sonderzeichen besteht, ist die wiederholte Eingabe mühsam.

Hinter dem SSH-Login verbirgt sich der Dropbear-Server, der nicht nur die Authentifizierung per Passwort anbietet. Die Kennworteingabe lässt sich mit kryptografischen Schlüsseln erweitern oder ersetzen.

Wenn die vorherrschende Sicherheitsrichtlinie der Umgebung es erlaubt, authentifiziert sich der Administrator mit seinem privaten Schlüssel gegenüber dem OpenWrt-Router (Abbildung 9.3). Dieser überprüft den angebotenen Schlüssel und startet eine Login-Shell, welche dem Admin die CLI präsentiert – ohne Passwort. Und solange der Admin seinen privaten Schlüssel nicht verliert, ist diese Einwahlmethode sicherer als das normale Kennwort.

Bevor dieser Ablauf nutzbar ist, werden Schlüssel erzeugt und verteilt:

1. Schlüsselpaar erzeugen. Das passiert einmal pro Administrator.

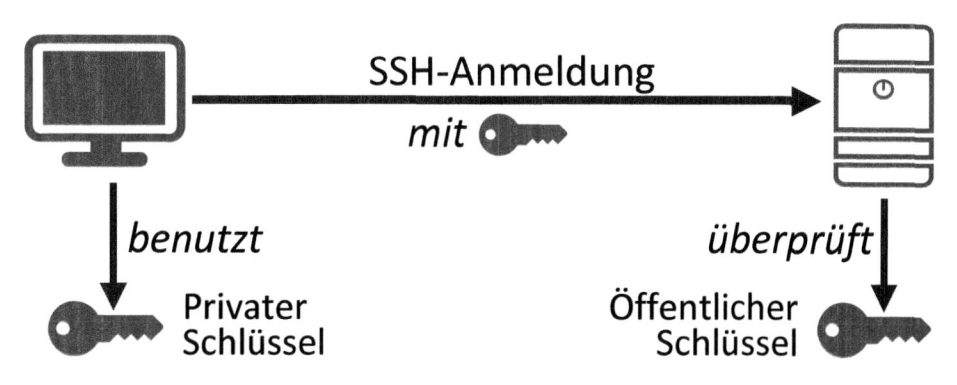

```
         SSH-Anmeldung
             mit 🔑

   benutzt              überprüft
    Privater           Öffentlicher
    Schlüssel          Schlüssel
```

Abbildung 9.3: SSH-Login mit Anmeldung per Schlüssel

2. Privaten Schlüssel gesichert ablegen.

3. Öffentlichen Schlüssel auf den OpenWrt-Routern eintragen, die in der Verantwortung des Admins sind.

Eine Linux-Distribution bringt häufig OpenSSH als SSH-Client mit. Unter Windows hat es die Software *PuTTY* [12] zu großer Akzeptanz gebracht, was vermutlich daran liegt, dass sie vielseitig und einfach zu bedienen ist. Weiterhin muss PuTTY nicht installiert werden und ist kostenlos.

Schlüsselpaar erzeugen

Ein Windows-Rechner benötigt das grafische Werkzeug *puttygen.exe* zum Erstellen eines Schlüsselpärchens. Die folgenden Beispiele basieren auf einem RSA-Schlüssel mit 2048 Bits Länge. Aus heutiger Sicht ist das ein ausreichend starker Schlüssel. Bei einem hohen Sicherheitsbedarf kann der Schlüssel auch 4096 Bits lang sein.

Der Button *Generate* beginnt mit dem Sammeln von Zufallszahlen und zeigt anschließend den erzeugten öffentlichen Schlüssel. Für die weiteren Schritte werden beide Teile des Schlüssels benötigt, also unbedingt mit den beiden Save-Buttons abspeichern. Die Dateinamen sind grundsätzlich egal, daher kann die Namenskonvention von OpenSSH übernommen werden: `id_rsa.pub` für den öffentlichen Schlüssel und `id_rsa` für den privaten Schlüssel.

Unter Linux ist das Tool zum Schlüsselerzeugen mit dem OpenSSH-Paket meist vorinstalliert. Einen Schlüssel vom selben Typ generiert das Kommando:

```
ssh-keygen -t rsa -b 2048 -f ~/.ssh/id_rsa -N ''
```

und legt es in Dateiform im Ordner `.ssh/` des HOME-Verzeichnisses ab. Der private Teil des Schlüssels muss geheim, verborgen, gesichert und am besten passwortgeschützt werden. Wenn der private Schlüssel kompromittiert wird, ist die Sicherheit dahin! Dann hilft nur: schnell die öffentlichen Schlüssel dieses Pärchens von den Routern entfernen.

Öffentlichen Schlüssel anzeigen

Zur Kontrolle folgt ein Blick in die Datei mit dem öffentlichen Schlüssel. Ziemlich unspektakulär zeigt sich der Key als ein langes Wort aus ASCII-Zeichen. Dazu gibt es noch einen Identifier, der im folgenden Beispiel grau hinterlegt ist. Unter Windows lautet der soeben erzeugte öffentliche Schlüssel:

```
---- BEGIN SSH2 PUBLIC KEY ----
Comment: "rsa-key-20200701"
AAAAB3NzaC1yc2EAAAABJQAAAQEA1SG13Ugq5iaxKL9jWIXen3B1cFcgU/SeK6T3
sfa9JiV00Ve0R7MGjKnRUEtdUCw+RgC36fvDdcXL2EBI8mz3cq2rB3WlllqbxuAM
XCWVPIzKHuJZrAeMsZhBLeeksnN2mh/smHP6UbHUyCuKFhccjTfCmPqNQ9z0MqUr
1D0feb+1+IJdrpofq8IMNKnTP/v6x9Ayz2BvFx3XJ9b4TTkGSFAMQNw1aAIBfe+j
aksIorPnsl0STIixoUTMPARoqt0AWHFWcVYtdUkhF881G5mW0AF9+Mp8uXmXoJCH
m+hqd+YDVQt82+xC69+32Ug7hv7Tcce4vjb5FoJbBwVmVGu++Q==
---- END SSH2 PUBLIC KEY ----
```

Unter Linux meldet sich der Schlüssel in einer ähnlichen Syntax:

```
ssh-rsa AAAAB3NzaC1yc2EAAAABJQAAAQEA1SG13Ugq5iaxK[...] root@labsrv
```

Öffentlichen Schlüssel auf OpenWrt-Router eintragen

Nun muss der lange Buchstabencode des öffentlichen Schlüssels seinen Weg zur Web-GUI des Routers finden. Dieser verbindet dann den Schlüssel mit dem `root`-Account, sodass ein passwortloses Login möglich wird. Die Weboberfläche organisiert unter *System → Administration → SSH-Schlüssel* die hinterlegten Schlüssel. Hier lassen sich die Keys einsehen, löschen oder hinzufügen. Das Format entspricht der Syntax unter Linux:

```
ssh-rsa einzeiliger_Schlüsseltext root@labsrv
```

> **Hinweis**
>
> Es lassen sich mehrere Schlüssel hinterlegen. Das ist hilfreich beim Auswechseln von Schlüsseln oder wenn sich mehrere Admins den Account teilen.

> **Achtung**
>
> Der öffentliche Schlüssel ist eine *einzeilige* Zeichenkette. Auch wenn `puttygen` den Schlüssel mehrzeilig abspeichert, muss er bei OpenWrt ohne Zeilenumbrüche ankommen.

Im Hintergrund speichert LuCI den neuen Schlüsseltext in der Textdatei `authorized_keys` des Ordners `/etc/dropbear/`.

Login mit privatem Schlüssel

Der SSH-Client unter Linux verwendet automatisch die neue Schlüsseldatei im Unterverzeichnis `.ssh/`, sodass ein Login auf dem Router bereits passwortlos erfolgen sollte:

```
ssh root@10.5.1.1
```

PuTTY dagegen erwartet unter *Connection → SSH → Auth* den Pfad zur privaten Schlüsseldatei. Anschließend verwendet die SSH-Anmeldung anstelle des Kennworts die Krypto-Schlüssel.

Literaturverzeichnis

[1] OpenWrt Projekt: *OpenWrt Source Repository* 2020.
`https://git.openwrt.org/openwrt/openwrt.git`

[2] OpenWrt: *Table of Hardware*.
2019. `https://openwrt.org/toh/start`

[3] PC Engines: *apu1d4*. 2018. `http://www.pcengines.ch/apu1d4.htm`

[4] Manuel Kasper: *physdiskwrite*. 2014.
`http://m0n0.ch/wall/physdiskwrite.php`

[5] MikroTik: *mAP lite*. 2019.
`https://mikrotik.com/product/RBmAPL-2nD`

[6] Martin Prikryl: *WinSCP*. 2020. `https://winscp.net/de/`

[7] Elasticsearch: *Der Elastic Stack*. 2020.
`https://www.elastic.co/de/products`

[8] One Identity: *syslog-ng – Log Management Solutions*. 2020.
`https://www.syslog-ng.com/`

[9] Telegram Messenger LLP: *Telegram Messenger*. 2020.
`https://telegram.org/`

[10] Robert Ernst / Joachim Nilsson: *A minimal SNMP agent implementation*. 2020.
`http://troglobit.com/projects/mini-snmpd/`

[11] Joseph S. Testa: *SSH server & client auditing*. 2020.
`https://github.com/jtesta/ssh-audit`

Literaturverzeichnis

[12] Simon Tatham: *PuTTY: a free SSH and Telnet client*. 2020. `https://www.chiark.greenend.org.uk/~sgtatham/putty/`

[13] Icons8 LLC: *Icons by Icons8*. 2019. `https://icons8.com/license/`

Stichwortverzeichnis

Änderung, 30, 48

Accesspoint, 43, 58, 63
acme, 86
Ad-Hoc, 43, 56
Adapter, 31
Adresse
    IP, 37, 39
    IPv4, 16, 29
    IPv6, 31
    MAC, 38
Adressvergabe, *siehe* DHCP
Agent, 78
Aircrack-ng, 62
airodump-ng, 62
Aktualisierung, 89
Alarm, 75
Algorithmus, 86
Analyse, 43, 62, 86
Anmeldung, 16
apt, 67
APU, 20
ar71xx, 25
Architektur, 20, 90
Array, 50
ash, 47
ath79, 25
Authentifizierung, 95

Backbone, 63

Backup, 69, 103
Bandbreite, 91
Befehl, 67
Benutzer, 32
Best Practice, 85
bmon, 82
Boot, 22, 48
Bridge, 40
bwm-ng, 82

CentOS, 38
CLI, *siehe* Kommandozeile
Client, 43, 61
commit, 48
Community-String, *siehe* SNMP
curl, 77

Datei, 103
Dateisignatur, 20
Dateisystem, 88
Datum, 34
dd, 26
Debian, 38
Debug, 74
Default-Gateway, 32
Demo, 37
DHCP, 16, 22, 31, 34, 61
DNS, 33
dnsmasq, 23

Stichwortverzeichnis

Download, 20
Drahtlos, *siehe* WiFi
Dropbear, 49, 86
Durchsatz, 91

Editor, 103
Errata, 107
Erweiterung, 32
ESXi, 26
ethtool, 82
ext4, 88

Factory-Reset, 87
Filter, 44
Firewall, 44
Firmware, 19, 70, 89
firstboot, 88
Flash, 20, 22
Funknetz, 55

Gateway, 32
GitHub, 107

Hardware, 19
Heimnetz, 44
Hersteller, 19
Hostname, 51
htop, 82
https, 85

IEEE 802.11, 55
IEEE 802.11s, 43, 63
iftop, 83
Image, 89
Infrastruktur, 58
Installation, 19, 67
Internet, 44
IP-Adresse, *siehe* Adresse

iperf, 91
iptraf-ng, 82

Kennwort, *siehe* Passwort
Kernel, 40
Kernelprotokoll, *siehe* Protokoll
Knoppix, 26
Kommandozeile, 47, 68, 81, 86
Kompatibilitätsliste, 15, 19
Konfiguration, 29, 48, 107
Konnektivität, 37
Konsole, 20
Korrekturverzeichnis, 107

Löschen, 87
Labor, 37
    Netz, 37, 107
    Server, 38
LAN-Adapter, 31
Layer-2-Port, 40
Layer-3-Port, 39
Let's Encrypt, 86
Linux, 47
Live-System, 26
lm-sensors, 83
Log, 73
Log-Server, 74
logger, 77
logread, 73
Lokalisation, 34
LuCI, 16, 29, 52, 67, 85

MAC-Adresse, 38
mAP lite, 22, 90
MD5, 80
Mesh, 43, 63
MIB, 79
MikroTik, 20, 22

Mini-SNMP, 79
Monitor, 43, 62
Monitoring, 73
more, 103
Multi-User, 32

Nameserver, *siehe* DNS
Nano, 104
Net-SNMP, 78
Netzadapter, 31, 38
Netzbrücke, 40, 59

Open Source, 11
opkg, 67, 89
OSI-Modell, 37

Paket, 89
Paketfilter, 44
Paketliste, 35
Paketmanager, 67
Passwort, 17, 29, 32
PC-Engines, 20
physdiskwrite, 21
Plattform, 19
Prüfsumme, 20, 71, 90
Pre-shared Key, 59
Protokoll, 73
PSK, *siehe* Pre-shared Key
PuTTY, 93
puttygen, 93

Qualcomm, 20

Repository, 33, 62, 67
Restore, 70
Richtlinie, 44
Route, 32
Router, 37

Router-Advertisement, 34
Router-Port, 39
RouterOS, 22
Routingtabelle, 40
running-config, 48
RX-Rate, 58

Schlüssel, 92
    öffentlich, 94
    privat, 93
Schnittstelle, 31
Schwachstelle, 43, 86
SCP, 70
Sensor, 83
sensors, 83
sha256sum, 20
Sicherheit
    SNMP, 80
    SSH, 92
Sicherungsschicht, 37
Signatur, 20
Skript, 51, 77
Smartphone, 55, 75
SNMP, 49, 78
    Trap, 81
    Version, 80
Software, 19, 67
Sprache, 34
SquashFS, 88
SSH, 24, 49, 86, **92**
ssh-audit, 86
SSID, 43, 60
SSL-Zertifikat, 85
Standardgateway, 32
startup-config, 49
Status, 18, 29
STDIN, 77

Stichwortverzeichnis

Subtarget, 19
Switch, 37
Switchport, 40
Syslog, 74
Systemprotokoll, *siehe* Protokoll
Systemzeit, 34
sysupgrade, 24, 70, 90

Target, 19, 90
Telegram, 75, 76
Temperatur, 83
TFTP, 22
TLS-Zertifikat, 85
top, 82
Trap, 81
TX-Rate, 58

UCI, 39, 47, 49
Uhrzeit, 34
Update, 67, 70, 89

Variable, 51
Vermittlungsschicht, 37
Verschlüsselung, 43, 56, 58, 80
Vim, 104
Virtuelle Maschine, 26
VM, 26
Voreinstellung, 29

WAN-Adapter, 31
Weboberfläche, 85
Werkseinstellung, 16, 24, 29
Werkszustand, 87
Wiederherstellung, 70
WiFi, 42, 55
WinSCP, 70
WLAN, 55
WPA2, 59

yum, 67

Zeit, 34
Zeitzone, 34
Zertifikat, 85
Zone, 44
Zugang, 16, 85
Zugangspunkt, *siehe* Accesspoint

Anhang A

Editor unter Linux

In verschiedenen Kapiteln geht die Bedienung über die regulären Kommandos hinaus und es wird Zugriff auf das unterliegende Linux benötigt. Dem stellt OpenWrt keine Barrieren in den Weg, denn die Kommandozeile ist eine reguläre Linux-Shell. Hier ist erhöhte Vorsicht geboten, denn nun halten UCI und LuCI nicht mehr die schützende Hand über Änderungen.

Dateien anzeigen

Den Inhalt einer Textdatei zeigt das `more`-Kommando seitenweise an. Zur nächsten Seite springt man mit der Leertaste, zur nächsten Zeile geht es mit der Enter-Taste.
Einen beispielhaften Blick in eine Konfigurationsdatei erfolgt mit:

```
more /etc/opkg.conf
```

Während des Blätterns innerhalb der Datei wechselt die Taste *v* in den Texteditor, falls Änderungen am Inhalt gewünscht sind. Mit *q* beendet `more` die Anzeige vorzeitig.

Dateien editieren

Keine Änderung ohne vorherige Sicherung! Bevor die Finger im Dateiinhalt wirken, sollte eine Kopie der Originaldatei angefertigt werden. Der Aufwand

dafür ist minimal und hilft in der Not, wenn die Änderung zu fatalen Ergebnissen führt.
Das Kommando zum Kopieren von Dateien unter Linux ist `cp` mit Angabe von Quelldatei und Zieldatei. Eine Sicherungskopie der obigen Textdatei erstellt der folgende Befehl:

```
cp /etc/opkg.conf /etc/opkg.conf.orig
```

Unter OpenWrt stehen mehrere Editoren zur Verfügung, die sich in ihrer Bedienung unterscheiden. Für Anwender mit wenig Vorkenntnissen in Linux ist der `nano`–Editor leichter zu erlernen. Wer sich in Linux tiefer einarbeiten möchte, sollte einen Blick auf den `vim`–Editor werfen.

GNU nano

Der `nano` ist ein leichtgewichtiger Editor, der die grundlegenden Funktionen zum Bearbeiten von Dateiinhalten beherrscht. Beim Start erwartet das Kommando den Dateinamen, der sogleich im Editor-Fenster geöffnet wird.

```
nano /etc/opkg.conf
```

Die Kopfzeile ist gefüllt mit dem Namen der geladenen Datei. Zur einfachen Bedienung zeigt `nano` seine Kommandos in der Fußzeile an. Das Kürzel ^X steht dabei für die Tastenkombination *Strg-X* und beendet den Editor. Zum Speichern einer Datei dient der Shortcut *Strg-O*.

Mehr Infos zu diesem Editor bietet die Webseite:
`https://www.nano-editor.org/docs.php`

Vi IMproved

Der `vim`-Texteditor ist eine Weiterentwicklung des älteren `vi` und verbessert Bedienkomfort und Funktionalität. Für einfache Änderungen in Textdateien ist er eigentlich überqualifiziert.
Der `vim` unterscheidet zwischen dem Normalmodus und dem Einfügemodus. Im Normalmodus werden Eingaben von der Tastatur als Kommandos interpretiert. Damit lassen sich Zeilen löschen, Wörter kopieren, Suchen-und-Ersetzen oder in der Datei navigieren. Mit der Taste *i* (für *insert*, engl. einfügen) wechselt der `vim` in den Einfügemodus. Tastatureingaben landen

jetzt direkt im Text an der Stelle, die der Cursor markiert. Die *ESC*-Taste bringt den Editor wieder in den Normalmodus.

Die übliche Arbeitsweise mit dem vim besteht aus einem häufigen Wechsel des Modus. Der vim ist gewöhnungsbedürftig, aber mit Kenntnis der wichtigsten Befehle lassen sich Dateien sehr effizient bearbeiten.

Der Editor hört auf das Kommando vi und erwartet einen Dateinamen für die folgenden Änderungen:

```
vi /etc/opkg.conf
```

Befehl	Wirkung
:w	*write*. Datei speichern.
:q	*quit*. Editor beenden.
:q!	Editor beenden, ohne zu Speichern.
:wq	Datei speichern und Editor beenden.
i	*insert*. Fügt Text an der Position des Cursors ein.
I	Fügt den Text am Anfang der aktuellen Zeile ein.
a	*append*. Fügt Text an der Position nach dem Cursor ein.
A	Fügt den Text am Ende der aktuellen Zeile ein.
o	Fügt eine neue Zeile unterhalb der aktuellen Zeile ein.
O	Fügt eine neue Zeile oberhalb der aktuellen Zeile ein.
x	Löscht das Zeichen unter dem Cursor.
D	*delete*. Löscht ab der Position des Cursors den Rest der Zeile.
dd	Löscht die aktuelle Zeile.
yy	*yank*. Kopiert die aktuelle Zeile in den Puffer.
p	*paste*. Kopiert den Inhalt des Puffers in den Text.
u	*undo*. Macht die letzte Aktion rückgängig.

Tabelle A.1: Die wichtigsten Kurzkommandos des vim-Editors

Tabelle A.1 listet die wichtigsten vi-Kommandos auf. Viele Kommandos lassen sich durch Voranstellen einer Zahl mehrfach ausführen. Beispielsweise löscht der Befehl 5dd gleich fünf Zeilen auf einmal. Nach der Eingabe von 10x verschwinden die nächsten zehn Zeichen vom Bildschirm.

Wenn der vim mal wieder zu viel verändert oder gelöscht hat, macht das mehrmalige Drücken der Taste *u* solange Änderungen rückgängig, bis die

Anhang A. Editor unter Linux

Datei wieder die bekannte Form hat. Und wenn der Dateiinhalt hoffnungslos durcheinander ist, hilft nur das Beenden ohne zu Speichern mit :q! Über den vim wurden vollständige Bücher verfasst, aber einen guten Einstieg bietet die Webseite des Entwicklers https://www.vim.org/

Alle Kapitel dieses Buchs wurden mit vim verfasst.

Anhang B

Zusatzmaterial

Die abgedruckten Beispiele in den vorherigen Kapiteln enthalten stets nur einen Ausschnitt, der zum jeweiligen Thema passt. Die vollständige Konfiguration aller Geräte ist online verfügbar unter:
`https://der-openwrt-praktiker.github.io`
`https://github.com/der-openwrt-praktiker`

Dort befindet sich zusätzliches Material, das den Umfang des Buchs gesprengt hätte.

- Konfiguration der Router aus den verschiedenen Kapiteln,
- Netzdiagramm der vollständigen Laborumgebung,
- Errata (Korrekturverzeichnis),
- Alle Skripte, die in den Kapiteln teilweise gekürzt abgedruckt sind oder nur erwähnt werden.